國家古籍工作規劃項目

本書出版得到國家古籍整理出版專項經費資助

國家社科基金重大項目「中國古代方言學文獻集成」（16ZDA202）

古代方言文獻叢刊　華學誠主編

盧文弨重校方言

附　劉台拱方言補校

華學誠　點校

中華書局

圖書在版編目(CIP)數據

盧文弨重校方言:附劉台拱方言補校/華學誠點校. —北京:中華書局,2023.5
(古代方言文獻叢刊/華學誠主編)
ISBN 978-7-101-16125-0

Ⅰ.盧…　Ⅱ.華…　Ⅲ.漢語方言-文獻-匯編-中國-古代　Ⅳ.H17

中國國家版本館 CIP 數據核字(2023)第 034654 號

責任編輯:張　可
責任印製:陳麗娜

古代方言文獻叢刊
華學誠 主編
盧文弨重校方言(附劉台拱方言補校)
華學誠 點校
*
中華書局出版發行
(北京市豐臺區太平橋西里 38 號　100073)
http://www.zhbc.com.cn
E-mail:zhbc@zhbc.com.cn
天津善印科技有限公司印刷
*
880×1230 毫米 1/32 · 10¼印張 · 2 插頁 · 207 千字
2023 年 5 月第 1 版　2023 年 5 月第 1 次印刷
印數:1-1500 册　定價:52.00 元

ISBN 978-7-101-16125-0

古代方言文獻叢刊總序

華學誠

一

方言痕跡可考於我國最早的出土文獻和傳世文獻，方言記載、方言論述也零星見於先秦時期的文獻，而以活的方言爲對象並結合古方言資料作出系統研究的則始於漢代揚雄，此後近兩千年，研究者代不乏人，積累的成果非常豐富。

對這漫長的方言歷史和方言研究歷史，近現代以來雖有一些專題討論，但既不全面，也不系統。形成這一局面的原因當然不是單一的，但古代方言學資料没有得到全面收集、系統建構、科學整理，致使相關研究缺少必要的學術基礎，則是最基本也是最關鍵的原因。中國古代方言學文獻的整理出版，並不是没有取得成績，只是從總體上來説，數量很少，品質參差不齊，整理出版選題也缺乏科學規劃，所以遠遠無法滿足方言學史、方言史、漢語史、現代漢語方言研究的需要和其他相關學科研究的需要。

揚雄方言校釋匯證二〇〇六年在中華書局出版之後，我就開始思考上述問題，並與顧青編審、秦淑華編審有過多次深入的交流。在中華書局的支持下，我的想法經由全國古籍整理出版規劃領導小組批准而列入了二〇一〇—二〇二〇國家古籍整理出版規劃，中華書局負責出版。二〇一二年擬出了古代方言文獻叢刊分輯及其基本選目，着手組織隊伍；二〇一三年春天在京召開了項目籌備研討會，重點討論了叢刊方案、組織方式、作者選聘、整理原則、宏觀體例等主要問題，項目正式啟動。二〇一六年由我負責申報的中國古代方言學文獻集成批准爲國家社科基金重大項目（編號：16ZDA202），研究隊伍進一步加强，入選書目進一步優化，整理方式進一步完善，爲彌補上述學術缺憾而實施的古籍整理工作得以全面展開。

本項目所整理的方言學文獻限於古代。我們所説的古代，原則上截止到清末，但一九四九年之前承紹古代學術傳統方法研究方言的重要著作如孫錦標的南通方言疏證、重要資料如方志所載方言等則予以收録。明代以來傳教士所撰方言教科書、聖經方言譯本、雙語辭書等資料，當然屬於古代方言學文獻，量很大，價值也很大，因爲這批材料與中國傳統學術無關，且文本中很多或純粹是外文，或漢文與外文間雜，須要用特殊而專門的方法進行整理，所以不納入本項目。

中國古代方言學文獻可以按照多種方式進行分類。比如可以按照周秦漢晉、南北朝唐宋、元明、清代四期來分，用分期來處理資料，時代斷限明確，有利於歷時研究對資料的利用；但是，中國古代方言研究文獻産生的實際情況和存世的情況不利於按照時代順序來處理，如果這樣處理，從古到今就會形成倒寶塔型，時代越早資料越少，時代越遲資料越多，這在項目的組織安排和實際操作上會出現困難。又如可以按照語音、詞彙、語法、文字（方言字）等内容來分，每類中再按照時代來劃分，這樣分類有利於學科内部的專題化研究；但是，中國古代方言學文獻的實際情況是，語法資料極少，詞彙最多，語音其次，且語音、詞彙、文字常常不可分離，所以不僅各類資料的數量極不平衡，而且不少資料的歸類也將面臨無解的難題。因此，按照文獻特點和存世形態來分類，就成爲最好的選擇，這也符合項目的「文獻」特點和「集成」要求。

按照文獻來源，首先把中國古代方言學文獻分成兩大類：一是中國傳統方言學文獻，二是傳教士方言學文獻。如前所説，後一類不列入本項目，所以本項目的第二步分類實質上就是對前一類的劃分。按照文獻存世形態，結合文獻内容、文獻存世數量，本項目把中國傳統方言學文獻分成五類，形成五個子課題，成果出版物則形成五輯；各子課題内部再按照時代先後爲序編排，以體現史學要求。除明代以來傳教士所撰方言類著作之外，本項目囊括了漢代以來中國古代方言學的各類主要文獻，形成以文獻特徵和時代爲經緯構成的資料集成。

本項目的完成，在學術研究上至少有如下幾點重要價值值得期待：有利於系統建構中國古代方言研究史，有利於解決漢語史、方言史研究中的相關問題，有利於深入進行方言本體各分支學科的研究，有利於拓展其他相關歷史學科的專門研究，有利於後續信息化處理歷代方言研究資料。

二

方言校注本整理，由華學誠教授、魏兆惠教授負責。自晉代郭璞以後，直到明代之前，方言的相關研究甚少。明清時期出現多個校注本，有價值者共七種，即：明陳與郊方言類聚四卷，清戴震方言疏證十三卷，清盧文弨、丁傑重校方言十三卷附校正補遺一卷，清劉台拱方言補校一卷，清錢繹、錢侗方言箋疏十三卷，清王維言方言釋義十三卷，清王秉恩宋本方言校勘記。王念孫在方言研究上下過很大功夫，有很多發明，他的一些説法散見於王氏父子存世的各類著作之中，值得輯録以彰顯他的遺説。國内出版過錢氏方言箋疏點校本和戴氏方言疏證的整理本，但戴氏疏證本的整理存在不少問題，須要重校。

其他五種均無現代整理本，爲學術研究服務的集成整理從未有過。本項目對錢氏方言箋疏之外的六種明清方言校注本進行全面整理，加上王念孫遺説的輯録，構成一輯。

廣續方言整理、散存資料輯佚，由華學誠教授、王耀東副教授負責。「廣續方言」指增廣或續補揚雄方言的專書，包括杭世駿續方言，程際盛續方言補，徐乃昌續方言又補，程先甲廣續方言、廣續方言拾遺，張慎儀續方言新校補、方言别録等。「散存資料」指保存在注疏、音義、筆記、辭書等著作形態中而有明確地域指向的方言材料，不包括通行區域不明的俗語、少數民族語和社會方言，亦不包括客觀上反映方言的文學作品、音切、對音材料、外國借字和俗文學中的别字異文等。古代散存方言資料分爲方言記載和方言論述兩類，二者的區别在於有無作者的主觀認識和評價。散存資料整理難度最大，迄無全面輯佚的集成之作。清人廣續方言類著作其實就是搜集的散存方言資料，但很不完整，且訛舛不少，須要進行科學整理；新輯佚的資料與廣續方言中的資料本質上是相同的，所以合併在一起構成一個專題，構成一輯。

非音韻類方言專書整理，由周遠富教授、劉祖國副教授負責。非音韻類方言專書包括貫通方言類、分地方言類。貫通方言類如匯雅前編、方言據、諺原、鄉言解頤、方言轉注録、鄉音俗字通考、今方言溯源、新方言、續新方言等。分地方言類如安丘土語志（山東），秦音、西安村語考字録（陝西），黔雅（貴州），蜀語、蜀方言（四川），吴下方言考、南通方言疏證（江蘇），古歙鄉音集證（安徽），越語肯綮録、越言釋、越諺、湖雅（浙江），操風瑣録（福建），嶺外三州語、客方言（客家話）等。分地方言類只收録獨立的單本著作，不包括地方志中的「方言志」。非韻書類方言專書很難確定邊界，漏收在所難免；已經選入進行整理的專書，也可能會有異議，因爲有些書中的内容未必盡是方言。這類文獻，構成一輯。

歷代方言韻書整理，由徐朝東教授、高永安教授、謝榮娥教授負責。古代方言韻書的整理與研究，近些年來已經受到學界關注，如馬重奇教授帶領的團隊對閩方言韻書的整理與研究就已經取得了豐碩的成果。本項目所説的方言韻書包括官話方言韻書，整理的韻書有以下各類：官話方言包括皇極經世書聲音唱和圖、中原音韻、文韻考衷、交泰韻、元韻譜、韻略匯通、重訂司馬温公等韻圖經、合併字學集韻、音韻集成、書文音義便考私編、韻略易通、五聲譜、五方元音、拙庵韻悟、韻籟、黄鐘通韻、七音譜、徐州十三韻、射聲小譜、字音會集、韻學驪珠、古今韻表新編、中州音韻等；吴語包括荊音韻彙、聲韻會通、韻要粗釋、併音連聲字學集要、字學指南、元聲韻學大成、音韻正訛等；贛語包括類聚音韻；閩語包括戚參軍八音字義便覽、珠玉同聲、拍掌知音、彙音妙悟、建州八音、彙集雅俗通十五音、渡江書十五音、潮聲十五音等；徽語包括山門新語、新安鄉音字義考正等。這類文獻，構成一輯。

歷代方志中的方言資料整理，由曹小雲教授負責。舊方志中的「方言」，包括漢語方言和中國境内民族語言兩大類，漢語方言是主體。漢語方言有官話、晉語、吴語、粤語、湘語、閩語、贛語、客家話、平話和土話等，民族語言有壯語、苗語、瑶語、彝語、蒙古語等。搜集整理的基本原則是：凡方志中標以「方言、言語、語音、俗語、土語、方音」等卷目、節目的，或雖未標明，但在方志中自成一節專門記録方言的，悉數收録。據此，共輯出方言文獻九百六十六種，地域上覆蓋今三十二個省、直轄市和自治區。從方志編纂時代上看，南宋一種、明代二十八種、清代四百八十三種、民國時期四百五十四種。所輯出的文獻均重新編排，文獻内容逐一録入，逐字校勘，逐篇解題，形成精校新排文本。這類文獻，構成一輯。

三

本項目規模如此之大，參與工作的有數十人之多，要把工作做好，要想實現預期目標，困難可想而知。爲了有效開展工作、儘量減少失誤，提前研判各種問題，提出針對性措施，就是必須的。因此，立項之初我們就擬定了詳細的工作規程，明確了各個工作環節的原則、方法和要求。

文獻整理的基礎工作，首先是要選定好底本。規程要求，目録確定之後，每一種書的存世版本都必須全面排查，同時釐清版本系統，在此基礎上，比勘各本，選擇底本。比如戴震方言疏證存世古籍版本共有二十二種，以微波榭叢書本爲代表的各本可稱之爲「遺書系本」，以武英殿聚珍版爲代表的各本可稱之爲「四庫系本」。樊廷緒在嘉慶六年有一個刊本，是武英殿聚珍版書的翻刻本，所以還是屬於四庫系本。比勘之後，發現武英殿聚珍版所依據的是戴震最後的定本，刊行時間不遲於微波榭叢書所收戴氏遺書本，刊校質量也最精，所以確定該本爲底本。

有些古籍須要影印而不能録排，這類古籍採用圈點方式句讀。規程要求，整理結果採用録排方式形成文本的，一律斷句標點。録排採用通用繁體字形（遇有古今字、通假字、異體字、正俗字，採用底本式整理的保留底本原字形），直排，標點符號使用直排式。頓號、引號、書名號、專名號等標點符號的使用容易出現各種各樣的問題，工作規程特別做了具體詳明的規定。

由於本項目涉及的文獻資料異常複雜，校勘採用定本式還是底本式，没有要求統一。但規程明確提出了總原則，即：校各本異同，校底本是非，校引文正誤，不校立説是非。針對校勘中須要注意的問題，規程特别提出了四點要求。第一，要區分校勘與考證的界限。比如文獻中純係事實、材料等方面的出入，是箋證、考釋應當解決的問題，不屬於校勘範圍。第二，凡底本不誤而他本誤者，一般不出校記。遇有特殊情況，比如别本異文仍有參考價值，則視情況而定。第三，一般虛字出入且不影響文意者，在校記中直接表明改正意見；但如涉及文意，則須要説明校改依據。第四，古今字、通假字、異體字、正俗字，採用底本式的保持文字原貌，在校記中分别用「後作某、通某、同某、正字作某」指明，以供研究者參考。

本項目的第二個子課題，基礎工作就是輯佚。由清人完成的廣續方言作品，須要依據輯佚材料來源進行校訂，按照專著進行整理；而更爲重要的工作則是，從現存古籍中全面輯佚散存的歷代方言研究資料，合理編纂。規程確定了散佚資料的編纂通例，包括如何保障輯佚資料的完整性，輯佚資料的著録方式，輯佚資料的年代確定等等。還特别提出了輯佚工作須要注意的問題，包括謹慎選擇輯佚所依據的版本，深入瞭解輯佚所據著作的原書體例，正確處理所據資料存在的關鍵異文，注意甄别補綴、去重辨僞，注意輯佚的目的在於重建方言學術史資料，等等。

其他如，古籍整理提要式前言的撰寫，具體課題承擔人工作的步驟，各子課題成果的提交，索引的編製，項目負責人與子課題負責人的職責，定稿流程，等等，在工作規程裏都有明確要求。

四

由於文獻數量巨大，文獻樣態複雜，項目承擔人水平有限，整體協調難度較大，主編難以逐字逐句審讀，整理出的這個集成文本一定會存在很多問題，如應收而漏收的，底本選擇不理想的，標點斷句有問題的，校勘結果值得商榷的，輯佚質量有瑕疵的，前言論定不準確的，等等，希望得到學界嚴肅的批評指正。

當然，在有限人力、有限時間內，企圖把中國古代方言學文獻全部「集成」，肯定是不可能的。項目是封閉性的，但工作則是開放性的，這個項目的完成並不是這項工作的終結。希望有更多的專家參與進來，不僅能够提出嚴肅的批評指正意見，而且能够「在綫」補充新文獻、新資料，以便使這個文獻集成不斷充實，不斷完善。這不僅是本項目全體承擔人的想法，也是中華書局的意圖。

是爲序。

新冠肆虐、囚禁家中

二〇二〇年二月二十三日初稿

二〇二〇年四月二十七日改定

目録

盧文弨重校方言

前言

盧文弨（一七一七—一七九六），字紹弓，號磯漁，又號檠齋，晚年更號弓父，堂顔謂之抱經，人稱抱經先生，浙江餘杭（今杭州）人。乾隆三年（一七三八）中式順天舉人，乾隆七年（一七四二）考授内閣中書，乾隆十七年（一七五二）以一甲第三人成進士，授翰林院編修，乾隆二十二年（一七五七）命上書房行走，遂由左春坊左中允薦至翰林院侍讀學士，曾充乙酉（乾隆三十年）廣東正考官，繼而命提督湖廣學政，乾隆三十三年（一七六八）以學政言事不合例，部議左遷降三級用，明年乞假養親歸。告歸後的二十五年裏，歷主江浙各書院講席。乾隆六十年十一月二十八日卒於常州龍城書院，享年八十。

盧文弨是清代著名的校勘學家。盧氏潛心漢學，而尤好校書，終身不廢。盧氏校書之事，「在中書十年及在上書房與歸田後主講四方書院凡二十餘年，雖耄，孳孳無怠」[一]。

[一] 段玉裁翰林院侍讀學士盧公墓志銘。

他早昧爽而起，至夜半而安，春夏秋冬未嘗間斷，「勤事丹鉛，垂老不衰」〔一〕。「所校逸周書、孟子音義、荀子、吕氏春秋、賈誼新書、韓詩外傳、春秋繁露、方言、白虎通、獨斷、經典釋文諸善本，鏤板惠學者」〔二〕。有人曾這樣稱贊盧文弨道：「他人讀書，受書之益；子讀書，則書受子之益。」〔三〕可見，盧氏喜好校書，善於校書，精於校書在學界確實盛名遠播。盧氏校注的經子諸書，後匯刻爲抱經堂叢書，其自著有抱經堂文集三十四卷、儀禮注疏詳校十七卷、鍾山劄記四卷、龍城劄記三卷、廣雅釋天以下注二卷，「皆使學者諟正積非、蓄疑焕釋」〔四〕。

重校方言是繼戴氏方言疏證之後，清人的第二個校本。盧氏校正方言的工作始於乾隆庚子（一七八〇），這一年他去京師得與歸安丁杰交遊，丁氏將自己的方言校稿全部送給了盧文弨，盧氏對丁杰提供的稿本評價很高，如云「小雅於此書采獲裨益之功最多，戴氏猶有不能盡載者」「其學實不在戴太史下」等。盧氏「因以考戴氏之書，覺其

〔一〕江藩漢學師承記。
〔二〕清史稿卷四八一列傳二六七儒林二，二十五史本。
〔三〕俞樾札迻序，孫詒讓札迻。
〔四〕段玉裁翰林院侍讀學士盧公墓志銘。

當增正者尚有也」，於是開始了重校方言的工作〔一〕，次年盧氏就已完成了重校方言的初稿（當時書稿也許暫名方言校正），因爲乾隆辛丑（一七八一）盧氏致書丁杰專門討論了這件事。其書有云：「方言一書，戴君疏證已詳，愚非敢掩以爲己有也。然疏證之與校正，其詳略體例微當不同，亦因其中尚有未盡者，欲以愚見增成之，故別鈔一編。」〔二〕此書定稿於乾隆壬寅（一七八二），這一年的五月，盧氏在三立書院撰就重校方言序〔三〕。又二年，在杭州以抱經堂叢書本刻印行世。

學術界對重校方言的評價很高，向來以爲盧本和戴本是清人的兩個善本而互有短長，「論學識盧不如戴，論詳審戴不如盧」〔四〕，但是具體翔實的分析評論尚未見到。

一、盧校所依據的資料版本

校勘是盧氏重校方言的主要工作，校勘成果就是該書的主要價值之所在。清人校勘古籍的常用方法，不外乎或利用不同版本，或根據類書古注，或參考不同記載。這些

〔一〕盧文弨重校方言序，見本書。
〔二〕盧文弨與丁小雅杰進士論校正方言書辛丑，抱經堂文集卷二十。
〔三〕盧氏序文末云：「乾隆四十有七年五月朔，杭東里人盧文弨書於山右三立書院之須友堂。」
〔四〕周祖謨方言校箋序。

方法盧氏的重校方言都採用了。例如：

卷七：「**杜、蹻**。」注：「音笑噱。」[一]盧曰：「俗本『噱』誤作『謔』，今從宋本。」

卷一：「**濕，憂也……自關而西秦晉之間凡志而不得、欲而不獲、高而有墜、得而中亡謂之濕**。」注：「濕者，失意潛沮之名。」盧曰：「『濕』，舊皆作『溼』。案，楊倞注荀子脩身篇、不苟篇引方言皆作『濕，傴也』，今據此作『濕』字，當讀『佗合反』，今吴越語猶然。『憂、傴』古或通用。」

卷九：「**輨、軑，鍊鏅也**。」注：「鍊，音柬。」盧曰：「『鍊』，當即説文之『鐧』，『車軸鐵也』，音諫，此『音柬』誤。」

在這些方法中，盧氏尤其重視不同版本的利用。盧文弨在給丁杰的一封信中説：「大凡昔人援據古書，不盡皆如本文。故校正群籍，自當先從本書相傳舊本爲定。況未有彫版以前，一書而所傳各異者，殆不可以偏舉。今或但據注書家所引之文，便以爲是，

[一] 爲了便於説明，本節以下引用方言均據盧氏抱經堂校本。

疑未可也。」〔一〕從這一認識出發，盧氏在校勘方言一書時，將當時能見到的各種版本，甚至稿本，收羅殆盡。其中明本十種，清人校本八種，盧氏重校方言授梓粗竣時，又得見「宋李孟傳刻本」，「有不及載者，補遺具之」〔二〕。但是，盧氏所見宋李孟傳刻本並非真宋本，因爲此本「和宋刻原書不完全相合，或者是根據過録的本子來寫的」〔三〕。書刻成後，「仁和孫志祖詒穀、仁和沈景熊郎仲、新安鮑廷博以文」三人又協助盧氏對全書做了覆校。重校方言前後稽考了很多本子，所以盧氏能在戴校的基礎上又改正了一百二十多條，使該本成爲清人第二個善本。

二、盧氏校勘的特色與成就

盧氏重校方言常用的方法，雖然主要是根據不同刻本、校本和類書古注，比較異同，斟酌取捨，但是其校勘之法並非僅限於此。作爲一代校勘大家，其校勘功力、其校勘之精更不是上述方法所能涵蓋。通觀重校方言，善於以本書前後互證，以本條上下文勘誤，據本條内容進行推究，當是盧校的一大特色。例如：

〔一〕盧文弨與丁小雅杰進士論校正方言書辛丑。
〔二〕盧文弨重校方言卷首附列「方言讎校所據新舊本並校人姓名」注語。
〔三〕周祖謨方言校箋自序。

卷一：「**秦謂之謾。**」注：「謾，莫錢反，又亡山反。」盧曰：「卷十二内『謾』亦音莫錢反，是舊讀如此，非傳寫之誤，本或刪去前一音，非也。今人音莫半反。」

按，「謾」有兩讀，依例郭注當作「某某反，又某某反」，本或刪去前一音，盧氏從本書内找到證據，證明「舊讀如此」，不當刪。劉台拱方言補校贊成盧氏的意見，並補充了一條證據：「集韻刪、仙兩韻皆收『謾』字，當兼存二音爲是。」

卷十：「**䁐，視也。凡相竊視……自江而北謂之𥉫，或謂之䁐。**」前「䁐」字下盧曰：「各本作『伺』。今案，下文作『䁐』，此處正文亦必爾。或本音『伺候』二字，而文脱耳。廣雅亦作『䁐』，今據改正。」

按，盧氏首先從本條下文作「䁐」，發現了前一字作「伺」有誤。那麽緣何致誤的呢，他推測可能是本有「伺候」二字之音，因脱「候」字而「伺」字竄入正文。正文定作「䁐」，又得廣雅的佐證。雖説致誤的原因還是一種假設，有待更有力的證據，但是校改正文「伺」作「䁐」還是可信的。

卷五：「**所以注斛，陳魏宋楚之閒謂之箒。**」「注斛」下注：「盛米穀寫斛中者也。」盧曰：「正德本無『也』字。案，此但釋『注斛』，未出器名，當去『者』字，留『也』字。」

按，根據本條文意，郭注中的「者」字當爲衍文。盧氏的這個觀察很細密。周祖謨得到一條旁證，他説：「御覽卷七六四引注文無『者』字。」〔一〕可見，盧氏的推斷是正確的。

上述這類校正都没有異本可據，但是因爲是從内證出發所作出的合乎邏輯的分析，結論仍然是很可靠的。這種分析，還常常要借助於校者的文獻功底和學識。例如：

卷六：「**眮，轉目也。**」「眮」下郭注：「侹侗。」盧曰：「説文『眮』，徒弄切。此當依卷十二内音『挺挏』。漢書百官公卿表：『更名家馬爲挏馬。』晉灼曰：『挏，音挺挏。』顔氏家訓勉學篇引漢［書］禮樂志云：『給太官挏馬酒。』李奇注：『以馬乳爲酒也，撞挏乃成。』二字竝從手。撞，都孔反；挏，達孔反。此謂撞擣挺挏之。據此則作『挺挏』爲是。」

按，盧氏先據本書卷十二提出校勘意見，接下去又從古注中尋求到證據，結論是有説服力的。今考玉篇、廣韻，「眮」與「挏」音同，而「侗」與「眮」則音别，可見盧校確實

〔一〕周祖謨方言校箋。

是對的。

卷六：「**閻苦，開也。東齊開户謂之閻苦。**」前「苦」字下盧曰：「各本皆作『笘』，宋本下一字作『苦』。案，廣雅作『苦』。『苦』之訓開，佗書未見。竊疑皆當作『苦』字。『苫、蓋』雖皆所以覆屋，而『蓋』亦可以爲户扇，見荀子宥坐篇『九蓋皆繼』楊倞注。又案，説文：『蓋，苫也。』周禮夏官圉師：『茨牆則翦闔。』康成注：『闔，苫也。』然則『苫』與『蓋、闔』義皆同，而轉爲『開』，字固有反覆相訓者，此亦然也。」

按，盧校從宋本下一字作「苦」得到了啟發，認爲該條「笘」字當作「苦」。戴本從廣雅作「苦」，但「苦」之訓開，他書未見，所以盧氏認爲「與其從『苦』字無義，不若定從『苫』字」，並指出：「此因形近致誤耳。」〔一〕當然，用反訓來解釋也很困難，因爲「苫」字訓「蓋」有之，訓「開」他書亦未見，劉台拱方言補校認爲「閻苦疊韻字」，似要高明些。但盧氏否定戴校而定作「苫」的觀點是正確的，王念孫據廣雅影宋本、皇甫録廣雅本改廣雅「苦」作「苫」，亦可爲之提供旁證。

校勘古代辭書，還必須有深厚的語言文字學素養。方言是一部「採集先代絶言，異

〔一〕盧文弨與丁小雅杰進士論校正方言書辛丑。

國殊語」的詞彙著作，加之自六朝以來訛舛相承、積誤太多，對它的校勘，尤其需要有音韻學、文字學、訓詁學諸方面堅實的功力。雖説已有戴氏方言疏證在前，然而「古書流傳既久，其考訂必非一人精力所能盡」[一]，經戴氏校勘之後，明顯易改的訛舛已基本得到糾正，所留問題要解決則難度更大。在這樣的情況下，盧氏仍然取得了不小的成就，這除了得力於他對版本資料的收集比較豐富外，我們不能不注意到他作爲校勘大家的語言文字學功力。

古音學在校勘方面有很重要的意義。儘管盧氏有「審察聲韻，致多專輒」的不足（下文將要討論到）[二]，但這並不等於説盧氏從聲韻入手論定是非没有可取之處。例如：

卷一：「**娥、𡣍，好也。**」「𡣍」下郭注：「音盈。」盧曰：「説文：『嬴，从女，嬴省聲。』文弨案，『嬴』，力爲反，與『盈』聲殊不近，凡『籯、蘏、瀛、攍』等字，未有從嬴者。『𡣍』字説文所無；廣韻以『嬴』爲秦姓，『𡣍』爲美好皃。知方言之作『𡣍』，其來已久。

[一] 盧文弨與丁小雅杰進士論校正方言書辛丑。
[二] 吴承仕經籍舊音辨證卷七。

廣雅作『嬴』，從女，羸不省，他書卻未見。今故從衆家本，仍作『嬴』。」

按，戴震據廣雅改作「嬴」，並以説文爲佐證，盧氏未從。他根據郭注「音盈」與「羸」音力爲反「殊不近」的事實，提出疑問，並據一系列形聲字都不從羸，進一步否定了戴校。盧氏的觀點是正確的。王念孫認爲廣雅「嬴」是明本誤字，據影宋本改成「嬴」，可見戴校確實是錯誤的。

卷十三：「**餳謂之餳餭。**」盧曰：「説文：『餳，从食，易聲。』徐盈切。案，『易』聲殊不相近，自當從昜。劉熙釋名云：『餳，洋也。』諧聲取義。周禮小師釋文辭盈反，又云：『李音唐。』徐盈、辭盈，其音近『精』，與『唐』實一聲之轉。戴信説文，以辭盈、辭精反者『从易』，音唐者『从昜』，今不從。」

按，舊本作「餳」，自戴氏而後紛紛置辯：盧氏認爲當作「餳」；錢繹認爲盧校「謬甚」；廣雅作「餳」，王念孫疏證引方言亦作「餳」。筆者認爲作「餳」是對的，盧校不誤，原本玉篇引方言正作「餳」可證。盧氏又説：「『餳』從昜，古音唐，亦或讀爲『辭精、辭盈、夕清』等切者，以陽唐耕清本相通也。」[一]似較通達，但據之以爲「説文從昜，偶脱中

[一] 盧文弨方言校正補遺，重校方言附載。

閒一畫」則嫌迂執。吴予天方言注商説：「方言作『錫』，説文作『鍚』，兩不相妨，各仍其舊可也。或因此易彼，或因彼易此，似失之未核。」[一]這個觀點較爲允當。

文字學的知識在校勘方言時也很重要。漢字形體（筆勢、結構）的歷史演變，正俗體的交互影響，以及方言傳鈔翻刻中因似是而非引起的舛誤，等等，都要借助於文字學的知識加以考核辨正。例如：

卷十：「**誺，不知也。**」注：「音癡眩。江東曰咨，此亦癡聲之轉也。」盧曰：「『音癡眩』，各本誤作『音癡眩』，今從宋本改正。下『癡』，舊本誤作『如』，戴本改『知』亦未是。今案，『癡』字俗作『痴』而脱其畫耳，故從上定作『癡』字。」

按，説文有「癡」無「痴」，玉篇、廣韻、集韻諸辭書「癡、痴」在同一小韻，釋義近，因此俗以「痴」代「癡」；而「痴」脱畫則成「知」，「知」形訛則成「如」。盧氏的觀察和分析很細密，唯不必改成「癡」，保留「痴」反而能客觀呈現出致誤的路徑。

卷十：「**家、安，静也。**」盧曰：「楚辭遠遊：『野家漠其無人。』莊子大宗師：『其容

[一] 吴予天方言注商。

家。』陸氏釋文云：『本亦作寂，崔本作家。』又，郭象注齊物論云：『槁木取其家莫無情耳。』釋文：『家，音寂。』漢和平時張公神碑：『畺界家靜。』延熹時成皋令任伯嗣碑：『官朝家靜。』是『家』字其來已古，戴本以爲譌字，改作『宗』，太泥。今仍從宋本。」

按，盧説是也，宋李孟傳本字正作「家」。盧文弨曾論方言用字云：「雄識古文奇字，嘗作訓纂篇，今不傳。趙宋時書學生亦令習方言，則方言中字其傳授必有自……考之漢隸亦有證據，正不必執説文之體以盡易之。」〔一〕可見，盧氏不僅對漢字的形體演變有比較深入的瞭解，而且對揚雄其人其書的用字特點有較準確的認識，所以他能校正上述訛舛，甚至訂正戴校。

訓詁學知識更是校勘方言須臾不可或缺的，利用訓詁學的知識、從詞義方面入手校勘方言，在重校方言中最爲常見。例如：

卷三：「**軫，戾也。**」注：「相了戾也。」盧曰：「『軫』與『紾、抮』竝同。考工記：『老牛之角紾而昔。』釋文云：『紾，許慎尚展反，又徒展反。』與注『抮縛』之『抮』

〔一〕 盧文弨重校方言序。

同。』……注『了戾』，李善注王融策秀才文引方言作『乖戾』，蓋誤也。『了』有繆曲之義，作『了戾』方與『紾』義尤切。考酉陽雜俎云：『野牛高丈餘，其頭似鹿，其角了戾，長一丈，白毛，尾似鹿，出西域。』据此，正與考工記之『紾』義合……本或作『又戾』，於義何取？誤也。又『了戾』即『繚戾』。劉向九嘆：『繚戾宛轉阻相薄兮。』詩魏風葛屨毛傳云：『糾糾，猶繚繚。』朱子亦以『繚戾』釋之，尤可證。」

按，各本（包括宋李孟傳本）注皆作「了戾」，唯戴校改作「乖戾」。盧氏從詞義入手，證之以故訓材料，説明作「乖戾」是錯的，批評戴氏「反從李善文選注誤字而改此文，不思之甚」[一]。

卷七：「斯、掬，離也。齊陳曰斯，燕之外郊朝鮮洌水之閒曰掬。」盧曰：「『掬』無離義，疑當作『播』。『播』古文作『𥸷』，形近致誤。」

按，盧文弨後來又進一步證成了這一推測：「『𥸷』爲古『播』字。漢幽州刺史朱君碑：『𥸷徽馨。』魏横海將軍吕君碑：『遂𥸷聲亏方表。』可證。亦有作『𥸷』字者。九

[一] 盧文弨方言校正補遺。

歌湘夫人云：『匊芳椒兮成堂。』洪興祖云：『匊，古播字，本作𠂹。』」〔一〕盧氏從「『掬』無離義」處發疑，以爲此條訓「離」之字當作「播」；因爲方言用古字「𠂹」，傳鈔中形訛而成「匊」，繼而增「手」訛成「掬」。甚碻！

三、盧校本中藴含的訓詁成就

盧氏重校方言的重點固然是在校勘，但也有一些疏釋方言詞語的内容，而且其中不乏精彩之處。從語言學史的角度來討論該書，不應該不注意到這一點。例如：

卷八：「**布穀，自關東西**（當作「自關而東」——筆者按）**梁楚之閒謂之結誥。**」盧曰：「爾雅作『鳸鳩』，毛詩傳作『秸鞠』，說文作『桔𪇰』，音義竝同。」

卷六：「**聳、𢢌，欲也。**」注：「皆强欲也。」盧曰：「以我所欲，强人之我從，則曰聳、曰獎，今人語猶然。」

盧氏疏解的最大特色就是能用今語釋方言，例如：

卷二：「**鈔，好也。**」盧曰：「〔鈔〕即今所謂『俏』也。」

〔一〕盧文弨方言校正補遺。

卷二：「宋衛南楚凡相驚……或曰透。」盧曰：「相驚曰透，今人猶然。」

盧氏以今方言釋古方言時，多言吴越語、杭人語，這當然與他是杭州人有關。但是，另一方面也正如丁介民所説：「抱經以今方言證古語，頗發郭璞以江東語注雄書之旨，蓋盧氏亦精小學者也。」[一]例如：

卷一：「［慧］自關而東趙魏之閒謂之黠，或謂之鬼。」盧曰：「謂『黠』爲『鬼』，今吴越語尚然。」

卷一：「自關而西秦晉之閒凡志而不得、欲而不獲、高而有墜、得而中亡謂之濕。」盧曰：「［濕］當讀爲『佗合反』，今吴越語猶然。」

卷六：「杼、柚，作也。東齊土作謂之杼，木作謂之柚。」盧曰：「今杭人尚有『泥作、木作』語。」

卷十一：「其蝭蛥謂之虭。」盧曰：「『蝭』，宋本作『蚍』，亦作『蚩』，字音咨。今杭人呼『蚩蝍』者，意即此與？」

[一] 丁介民方言考。

但是應當看到，即便是疏解詞語，其中仍有相當一部分目的在於校勘，特别是用今方言印證校勘。無論是從校勘方面看，還是從訓詁方面看，這無疑也是重校方言的一大特點。例如：

卷十三：「**姚娧，好也。**」注：「謂娃悦也。」盧曰：「注『娃』，舊本誤作『姘』。姘，變婦人污也，於義何取？案，詩鄭風釋文：『丰，面貌豐滿也，方言作「娃」。』今見卷一注『謂娃容也』，此『娃悦』義正同，今改正。」

按，盧氏先解釋了「姘」的詞義，因爲於義無取而提出校勘問題，因爲「娃悦」與卷一注「娃容」義正同，所以得出校勘結論。

卷一：「**自關而西秦晉之間凡取物而逆謂之篡。**」盧曰：「『篡』，舊本誤作『籑』，又有『音饌』二字，乃後人隨字爲音，失之不審……今定作『篡』字。『篡』音初患反，不當音『饌』，故並删去之。今杭人猶有此語，音近撮，蓋即『篡』聲之轉。」

按，盧氏改「籑」作「篡」，與戴本同。從本條意義看，改作「篡」得之，但方言用字並不一定講究與義合。原本玉篇引方言字作「蓌」，即「籑」之訛字。吴予天方言注商認爲：「『籑』乃『篡』之假音，似可不必改易也。」周祖謨方言校箋和吴氏觀點相近：

「『篡』字作『簒』，其來已久。」當改還是不當改，容當再議。我們舉出此條的目的在於説明，盧氏的疏解往往是爲校勘服務的。下同。

卷九：「僞謂之仡。」注：「[僞]音訛。」盧曰：「『僞』，玉篇作『譌』，于詭切。戴本從之。今案，尚書堯典：『平秩南訛。』周禮馮相氏注、漢書王莽傳俱作『南僞』，韋昭讀『僞』從『訛』，與此正同。今人呼爲『划』，即『訛』之轉音也，不當從玉篇改作『譌』。」

四、盧氏的校勘觀和他對方言的認識

盧氏在重校方言序和給丁杰的信中〔一〕，曾談到自己覆校此書的一些原則和方言傳本的錯誤情形，由此我們可以直接瞭解他的校勘觀和他對方言的認識。

（一）方言有古文奇字，不必執説文盡易方言

這是盧氏校勘方言時特别强調的。他在序中説：「雄識古人奇字……則方言中字其傳授必有自……正不必執説文之體以盡易之。」在信中又説：「至於字畫，亦有不可盡依説文者。」在舉了一系列字例之後説：「此等字縱出自魏晉以下，然相傳已久，在今日不猶有古意乎？」這説明他對方言的用字特點和漢字的歷史演變都有較爲深刻的認

〔一〕盧文弨與丁小雅杰進士論校正方言書辛丑。

識，因而校勘時就能既尊重説文而又不泥於説文。

（二）校正群籍，自當先從本書相傳舊本爲定

盧氏特别重視舊本在校勘中的作用，這體現在他不僅重視版本、强調不能輕執注家所引改易本文，而且强調不可於本書内輕移彼條以易此條。盧云：「卷六『掩、索，取也。或曰狙』，注『狙伺也』。宋本如此，不誤。俗本始誤作『狚』，今因卷十有『抯，取也』，音『相黎』，遂移彼以易此，不知『狙伺』而取正與『掩取』義同。」即爲其證。

（三）舊本有「字一作某者」，蓋爲校書者所記而非郭注原文

盧氏在序中説：「舊本又有云『字一作某』者，疑出於亀公武子止氏。案，亀讀書記云：『予傳方言本於蜀中，後用國子監刊行本校之，多所是正，其疑者兩著之。』據斯言，則知爲亀氏所加無疑也。」例如卷三：「東齊之閒聓謂之倩。」注：「言可借倩也。今俗呼女聓爲卒便是也。卒便一作平便。」盧曰：「『卒便』合音即爲『倩』。『一作平便』，此校者之辭，作『平使』者誤。」

（四）音義可證者，亦不宜未加深考而率意改易

盧氏在給丁杰的信中説：「舊本之音有出郭氏者，亦有後人附益者，其所音閒與今世所讀不同，如『謾』之有『莫錢反』，凡兩見，豈可删乎？」至於訓義深隱，但是「正文之

義亦尚有可通者」，也不能隨便改易，如卷十三「魏，能也」，又「賦，臧也」等頗爲費解，盧氏云：「周書謚法解『克威捷行曰魏』『克威惠禮曰魏』，此非『魏』之訓『能』之證乎？」而「『臧』當作古『藏』字，訓賦斂所以爲收藏也」。

（五）郭注引書微與本文不同，亦不可改也

盧氏關於這一點的認識也頗爲明通，他在信中説：「如引外傳『余疾殄矣』，本書『殄』作『喙』，引漢書『初陵之橅』，本書『橅』作『幠』，此皆不改。獨引左傳『餬予口于四方』，改『予』從本書作『其』字，此或郭公偶爾誤記，或因與昭七年傳『饘于是、粥于是，以餬余口』文相涉致誤。此類古人多所不免，正不必爲之彌縫也。」

五、盧本存在的重要問題

應該指出，盧氏校本也不能視爲定本，相反，不僅存在問題，而且有些問題還相當嚴重。撮其要者，論列於下。

首先，硬將郭氏音注分别爲二，且亂其次第，以致郭氏用晉方言注漢方言、音注互相發明的精神全不可見。盧氏在校勘群籍時認爲，注疏、釋文合刻反而「兩相齟齬」，這種體式「似便而非古法也」[一]。由於有了這種成見，加之郭璞爾雅注之外有音義一卷，因而他主觀地認爲「此書之音亦必不與注相雜厠，後人取便讀者，遂併合之。以郭音古雅難曉，又附益以近人所音」，所以鹵莽地把郭氏音注分別爲二，「進郭注爲大字，而音則仍爲小字」[二]。結果正如王國維所批評的那樣：「可謂失景純之旨矣。」[三]事實上，雖然郭注有些條目的音注分開似乎無關宏旨，但是更多條目的音注是根本無法分開的，盧氏對此也不得不承認。例如卷八：「桂林之中守宫大者而能鳴謂之蛤解。」注：「似蛇醫而短，身有鱗采。江東人呼爲蛤蚧，音頜頷。汝潁人直名爲蛤解。音懈，誤聲也。」由於此條郭氏所注「音頜頷、音懈」夾在注文中，盧氏也無法用他所定的大字、小字加以分別，只好説「此音在本注中，不當分」。有些本來也無法分而被盧氏强行分開的，則變得面目全非。例如卷八：「爵子及雞雛皆謂之鷇。」注：「恪遘反。關西曰鷇，音狗竇。」（後一音當作「音顧」）此條注中的前一音爲正文而注，後一音爲注文關西語而注，其中注釋文字「關西曰鷇」硬被盧氏劃進「音義」中，和前後兩音一起以雙行小字列在正文

[一] 盧文弨與丁小雅杰進士論校正方言書辛丑。
[二] 盧文弨重校方言序。
[三] 王國維觀堂集林卷五。

之下。又如卷九：「鐏謂之釬。」注：「音扞。或名爲鐓，音頓。」前一音屬於正文「釬」字，後一音屬於注文「鐓」字，盧氏强生分別，肢解注文，以小字將「音頓」移置「鐏」字下，把「音扞」列到了「釬」字下，而將「或名爲鐓」用單行大字殿於後，這就完全違背了郭氏的本意。

第二，過於信據舊本，往往不能比量群籍、會通舊注而科學判斷。上文已經談到，盧氏版本收羅詳備，尤其篤信舊本，這固然是他的優點，也是他的校本所以能在一些方面勝過戴本的重要原因。但是過於偏信舊本則不可取。例如卷二：「秦晉曰靡。」郭注：「靡，細好也。」舊本皆如此。戴震據司馬相如長門賦、王延壽魯靈光殿賦李善注兩引此文作「靡靡，細好也」，於本條注内補一「靡」字，定作「靡靡」。盧氏未從，他批評戴氏「不知善但順賦之成文耳」。如善注陸機詩『奕奕馮生』引方言『自關而西凡美容謂之奕奕』，今方言奕字竝不重。此類非一，皆不當增。」其實恰恰相反，戴氏增一「靡」字是對的。「自關而西凡美容謂之奕，或謂之偞」郭注「奕、偞，皆輕麗之貌」，紺珠集、御覽引郭注皆作「奕奕、偞偞」，廣韻葉韻「偞」字下亦云：「偞偞，輕薄美好貌。」可見，原本就是作「奕奕、偞偞」[一]。以此例之，作「靡靡」爲是。增一字作迭音詞符合郭注通例。劉台拱方言補校云：「郭君解釋字義，每用雙聲疊韻之字形容之。」周祖謨方言校箋説：「郭璞注方言，每取疊字及聯綿語釋書中所舉之單詞。」劉、周二氏所闡發的正是郭注的這一條例。又如卷四：「禪，陳楚江淮之閒謂之褣。」注：「息勇反。」盧云：「俗本作『錯勇反』，今從宋本。」各本相異，決定取捨而没有其他證據的情況下，盧氏就無條件遵從舊本了。他所説的「宋本」，其實是明正德己巳影鈔宋曹毅之本，未必就都正確。劉台拱方言補校就認爲此條「俗本是」，周祖謨根據廣雅曹憲音作「七勇反」與「錯勇反」音相同的事實，也没有遵從盧氏所校而改，後來發現的南宋李孟傳本正作「錯勇反」。

第三，聲韻不精，校訂郭音時失專輒。盧氏從聲韻入手校訂方言、郭注是有成就的，上文已經論及。但問題也很突出：有郭音不誤而誤改的。例如卷二「偍」郭注作「度皆反」，明本皆如此，宋李孟傳本同。盧氏據卷六音改此音作「度指反」，其實卷六「偍」各本郭注作「度指反」，宋李孟傳本同，而盧本亦改作「度指反」，云「説見卷二内」，結果形成循環論證了。劉台拱方言補校云：「集韻：『徍偕，行皃。』徍，音於佳反；偍，音度皆

[一] 周祖謨方言校箋。

反。『徃偍』疊韻字。郭云『偍偕』猶『徃偍』也。『偍』舊音『度皆反』及卷六音『度指反』皆不誤，盧改作『度指反』非。」吳承仕亦云：「『是』聲雖屬支部，而曹憲廣雅音『直駭反』，類篇『偍』字列有『度皆、徒駭、直駭』三切，然則方言反語或作『度楷』、或作『度皆』，均與舊音相應，唯改作『度指』最爲無據。」〔一〕有郭音未衍而誤删的。例如卷三「秦曰瘎」郭注作「音閻，或湛」，戴校改「湛」作「諶」。盧氏據曹毅之本删「閻或」二字，作「音諶」，云：「正德本作『音閻，或湛』，今從宋本。」劉台拱批評説：「從宋本非，集韻有『閻、湛』二音。」吳承仕也説：「盧校非也。類篇『諶，又余廉切』，此郭注音『瘎』爲『閻』之證。」亦有盧氏不辨聲韻，所注成爲贅疣的。例如卷五「𠪚」郭注「音麗」，盧云：「案，即『蠡』字，音禮。」劉台拱云：「盧注贅。」又「甇」郭注「胖江反」，盧云：「案，爾雅疏作『仕江反』，廣雅亦作『士江』。」劉台拱云：「三音無異，盧注贅。」吳承仕云：「胖屬從，士屬床，古聲類同，不煩據改。」還有誤音未校而盧氏據之講轉語的。例如卷一「晉謂之懇」郭注「音悝，或莫佳反」，王念孫認爲此「悝」字當是「埋」字之誤〔二〕，而盧氏不察，

〔一〕吳承仕經籍舊音辨證。
〔二〕參王念孫方言疏證補。

竟以孔悝之悝講轉音，云：「今以小兒慧者曰『乖』，當即『𢡟』之轉音。」所以，吴承仕批評盧氏説：「審察聲韻，致多專輒，斯其蔽也。」又説：「『方、必』古同紐，舊來反語多用『方』，少用『必』。盧不曉音，乃以爲俗本而輒改之，trouble爲疏失。」言雖稍重，卻很有道理。

除了上述三點主要問題之外，還有當校而未能校出和不錯而被改錯等情形。例如卷一「自關而西秦晉之故都曰妍」，「妍」當改作「忓」〔一〕；又「愁，傷也……楚潁之閒謂之愁」，「愁」當改作「慭」〔二〕，等等，皆是當校而未能校出之例。此類例子頗多，以周祖謨方言校箋與盧本對勘，顯而易見，不煩贅舉。盧氏誤改的例子也不少。如卷四「或謂之冡」，盧氏改作「冡」，云：「『冡』舊本從『户』作『冡』，與『履、屨』等字異，誤也。今從廣雅改正。」其實「冡」不誤，原本玉篇引方言作「冡」，王念孫廣雅疏證引方言同。有時盧氏主觀臆改，使得方言與郭注面目全非。如卷二「臺、敵，匹也。東齊海岱之閒曰臺。自關而西秦晉之閒物力同者謂之臺敵」，和「抱娩，耦也」注「耦亦匹，互見其義耳」，宋李孟傳本各爲一條，劃然而別。盧氏以上條「謂之臺」爲句，以「耦也」及注文移置於上文

〔一〕參王念孫方言疏證補。
〔二〕參馬瑞辰毛詩傳箋通釋卷二十詩十月之交「不慭遺一老」條，郝懿行爾雅義疏釋詁上「悝憂也」條。

「謂之臺敵」之「敵」字下，云：「『耦也』及注，舊本俱誤在下條『抱娩』下，今移正。」盧氏竟妄改到如此程度，謬甚。

總起來看，盧氏重校方言確實取得了不少校勘成果，尤其是在版本資料的佔有上，比戴校本更加完備。其於校勘亦能在對校、他校之外致力於理校，特别值得稱道的是，能努力運用語言文字學的知識和方言今語勘正舛誤、諟正積非，確定的一些校勘原則也很有意義。但是，一方面是因爲方言一書文字古奥，訓義深隱，訛舛相承，積誤太多，原本玉篇等更新的資料未能見到，校讎者實在猝不易詳；另一方面是因爲盧氏語言文字學素養尚有欠缺，方法運用也有不够科學、嚴密之處，加之盧氏校勘此書前後不過兩載，確嫌日促，校勘之中也就難免捉襟見肘。因此，盧校雖有優於戴校的地方，但也確實存在不少問題。盧文弨在給丁杰的信中説的一段話，應該説是非常中肯的：「戴君通人，在日，文弨敬之愛之，情好甚摯。今此書若無戴君理之於前，使文弨專其事，紕繆當益多，決不止於此區區數條而已。今戴君已殁，予忍爲之吹毛索瘢乎？然念古書流傳既久，其考訂必非一人精力所能盡，戴書之善者已盡取之而著之矣，安知他人所見不又出於文弨所見之外者乎！」[一]因此，我們在承認「論學識盧不如戴，論詳審戴不如盧」的總體評價的同時，還應當用歷史的觀點去看待這一切。

附記：本書前言的内容來自本人一篇舊文，用作前言作了少量删改和技術性處理，包括個别文字校訂。原文題論盧文弨的重校方言，發表在昭通師範專科學校學報一九九〇年第三期。

[一] 盧文弨與丁小雅杰進士論校正方言書辛丑。

凡例

一、盧氏重校方言有乾隆甲辰杭州刻本（簡稱乾隆本）和古經解匯函本（簡稱匯函本）。本書以乾隆本爲底本，以匯函本參校。

二、方言本文每條之前標注序號，如八，謂該卷第八條；方言校正補遺對應之前各卷序號標注，以便對照考核。

三、文字編排，依據如下方法：（一）方言正文原文單行，仍舊，排以粗宋；（二）郭注原文以注區隔、單行，仍舊，排以細宋；（三）郭音原文雙行小字，改排以單行小字；（四）盧氏校注語原文以●區隔、雙行小字，改爲在●後排以單行仿體，劉歆與揚雄往返書以及李孟傳、朱質跋語中盧氏校語準此。

四、方言校正補遺原文基本爲單行大字，補遺內容以●區隔；現爲與前文對應，盧氏補遺內容在●後排以單行仿體；其自注雙行文字改爲單行小字。

五、全文斷句，用現代標點符號予以標點。

六、凡清代通行避諱字，均依例改回，不出校記。

七、底本文字中舉凡或作「據」或作「据」、或作「并」或作「併」之類，均不予統一，以保留原書文字風格。

八、底本誤字，不管有無證據，均予以改正，並出校勘記。

九、底本與參校本其他文字相異之處，出校勘記予以説明，不改動原文。

十、盧本及盧氏校語是非，不屬於校勘範圍，均不改動，亦不出校勘記。

重校方言序

方言至今日而始有善本，則吾友休寧戴太史東原氏之爲也。義難通而有可通者通之，有可證明者臚而列之，正譌字二百八十一，補脱字二十七，删衍字十七。自宋以來諸刻，洵無出其右者。

乾隆庚子，余至京師，得交歸安丁孝廉小雅氏，始受其本讀之。小雅於此書采獲裨益之功最多，戴氏猶有不能盡載者。因出其鈔集衆家校本凡三四，細書密札，戢舂行閒，或取名刺餘紙，反覆書之，其已聯綴者如百衲衣，其散庋書内者紛紛如落葉，勤亦至矣。以余爲尚能讀此書也，悉舉以畀余。余因以考戴氏之書，覺其當增正者尚有也。

劉歆求方言入録，子雲不與，故藝文志無之。乃班氏於雄本傳舉其所著書，亦闕方言，世不能無疑。考常璩華陽國志載雄書，凡太玄、法言、訓纂、州箴、反離騷，皆與傳同，而不及四賦，乃云「典莫正於爾雅，作方言」，此最爲明證。應劭而下，稱引日益多，而是書遂大著。其卷數，則歆書中云「十五卷」，郭景純序亦云「三五之篇」，隋唐以下志皆云「十三卷」，并合與遺脱不可知，然定在郭注之後。宋志又云「十四卷」，當因劉歆書與雄答書向附在簡末者，亦别爲卷而并數之也。

雄識古文奇字，嘗作訓纂篇，今不傳。趙宋時書學生亦令習方言，則方言中字其傳授必有自。如豖𣂪菻斊僆嬰之類，凡舊所傳本皆然，考之漢隸亦有證據，正不必執説文之體以盡易之。又，其中有錯簡兩條，亦尚有字當在上條之末而誤置下條之首，及不當連而連者，有過信他書輒改本文者，注及音義又有遺者、誤改者。余以管見，合之丁君校本，復改正百廿有餘條，具著其説，可覆案也。

郭氏注爾雅三卷，又有音義一卷，則知此書之音亦必不與注相雜厠，後人取便讀者，遂併合之。以郭音古雅難曉，又附益以近人所音，如通志載有吴良輔方言釋音一卷，此書當有捃摭及之者。余欲使注自爲注，仿劉昭注補續漢志之例，進郭注爲大字，而音則仍爲小字，雖未必即還景純之舊觀，然要使有辨焉爾。

至集各家説及文弨之説，上又加圓圍以隔之。戴書已行世，故唯録其切要者。舊本又有云「字一作某」者，疑出於黿公武子止氏。案，黿讀書記云：「予傳方言本於蜀中，後用國子監刊行本校之，多所是正，其疑者兩著之。」据斯言，則知爲黿氏所加無疑也。

予嘉丁君之績，而惜其不登館閣，書成不得載名於簡末，世無知焉。又，其所緝綜者，紛綸參錯，不易整比，久久將就散失，不愈可惜乎！故以餘閒，爲成就之如此。丁君名杰，今已成進士，待學博士闕於杭州，其學實不在戴太史下云。

乾隆四十有七年五月朔，杭東里人盧文弨書於山右三立書院之須友堂。

方言序

郭璞

蓋聞方言之作，出乎輶軒之使，所以巡遊萬國，采覽異言，車軌之所交，人迹之所蹈，靡不畢載，以爲奏籍。周秦之季，其業隳廢，莫有存者。暨乎揚生，沈淡其志，歷載構綴，乃就斯文。是以三五之篇著，而獨鑒之功顯。故可不出户庭而坐照四表，不勞疇咨而物來能名。考九服之逸言，標六代之絶語，類離詞之指韻，明乖途而同致，辨章風謡而區分，曲通萬殊而不雜，真洽見之奇書，不刊之碩記也。

余少玩雅訓，旁味方言，復爲之解，觸事廣之，演其未及，摘其謬漏。庶以燕石之瑜，補琬琰之瑕，俾後之瞻涉者可以廣寤多聞爾。

劉歆與揚雄書〔一〕

雄爲郎一歲，作繡補、靈節、龍骨之銘詩三章，及天下上計孝廉，雄問異語，紀十五卷，積二十七年。漢成帝時，●此四字誤，當作王莽時。劉子駿與雄書，從取方言曰：

歆叩頭。昨受詔宓五官郎中田儀與官婢陳徵、駱驛等私通盜刷越巾事，即其夕竟歸府。詔問三代周秦軒車使者、遒人使者，●玉海引古文苑，「遒人」二字在「軒車使者」上，無下「使者」二字。以歲八月巡路，宷音求，又於加切。●案，當與「求」音義同。代語、僮謠、歌戲，欲得其最目。因從事郝隆宷之有日，篇中但有其目，無見文者。

歆先君數爲孝成皇帝言：當使諸儒共集訓詁，爾雅所及，五經所詁，不合爾雅者詁籒爲病；及諸經氏之屬，皆無證驗，博士至以窮世之博學者，偶有所見，非徒無主而生是也。會成帝未以爲意，先君又不能獨集。至於歆身，脩軏不暇，何偟更創？●「脩軏」當本是「循軌」。「偟」與「遑」同。

〔一〕盧校本原無題，今添加。

屬聞子雲獨採集先代絶言、異國殊語，以爲十五卷，其所解略多矣，而不知其目。非子雲澹雅之才、●丁云：「澹，古贍字。」沈鬱之思，●古文苑「思」作「志」，李善注任昉王文憲集序引此亦作「志」。不能經年鋭精以成此書。良爲勤矣！歆雖不遘過庭，亦克識先君雅訓，三代之書藴藏於家，直不計耳。今聞此，甚爲子雲嘉之已。今聖朝留心典誥，發精于殊語，欲以驗考四方之事，不勞戎馬高車之使，坐知傜俗。適子雲攘意之秋也。

不以是時發倉廩以振贍，殊無爲明；語將何獨挈一作「絜」。之寶？上以忠信明於上，下以置恩於罷朽，所謂知蓄積、善布施也。蓋蕭何造律，張倉推歷，皆成之於帷幕，貢之於王門，功列於漢室，名流乎無窮。誠以隆秋之時，收藏不殆，●「殆」與「怠」同。饑春之歲，散之不疑，故至於此也。今謹使密人奉手書，願頗與其最目，得使入籙，令聖朝留明明之典。歆叩頭叩頭。

揚雄答劉歆書〔一〕

雄叩頭。賜命謹至，又告以田儀事，事窮竟白，案顯出，甚厚甚厚。田儀與雄同鄉里，幼稚爲鄰，長艾相更。●七十二家集及文章辨體「更」竝作「愛」。視覸動精采，似不爲非者。故舉至日，雄之任也。●七十二家集、百三名家集「日」俱作「之」，誤也。舉者、任者，各是一人，觀下文可見。不意淫迹●此下本有「汙」字，今從七十二家集刊去。暴于官朝，令舉者懷報而低眉，任者含聲而宛舌。●「令」，各本誤作「今」，戴據文義改正。「宛舌」，舊本作「冤舌」，亦誤。雄傳云：「欲談者宛舌而固聲。」今据此改正。知人之德，堯猶病諸，雄何慚焉！叩頭叩頭。

又敕以殊言十五卷，君何由知之？謹歸誠底裏，不敢違信。

雄少不師章句，亦於五經之訓所不解。常聞先代輶軒之使奏籍之書，皆藏於周秦之室；●「常」字，各本皆同。李善注文選兩引此，一作「常」，一作「嘗」，雖義皆可通，而「常聞」猶

〔一〕盧校本原無題，今添加。

云「習聞」，雄自别有意，戴乃以「常」爲誤，非也。及其破也，遺棄無見之者。獨蜀人有嚴君平，●君平名遵，本姓莊，法言問明篇「蜀莊沉冥」「蜀莊之才之珍也」皆指此人。此亦本是莊君平，後漢明帝諱「莊」，始改爲「嚴」。雄在前，無由預避，蓋後人習熟於「嚴君平」之稱，因誤改之也。臨邛林閭翁孺者，●戴云：「案，廣韻『林閭氏出自嬴姓』，正與此稱合，華陽國志乃云『林閭字公孺』，誤也。」深好訓詁，猶見輶軒之使所奏言。翁孺與雄外家牽連之親。又君平過誤，有以私遇，少而與雄也。君平財有千言耳，翁孺梗概之法略有。翁孺往數歲死，婦蜀郡掌氏子，無子而去。

而雄始能草文，先作縣邸銘、王佴頌、階闥銘及成都城四隅銘。蜀人有楊莊者爲郎，誦之於成帝。成帝好之，以爲似相如，雄遂以此得外見。此數者皆都水君常見也，故不復奏。●古文苑注云：「都水君，歆父向也。」雄爲郎之歲，自奏少不得學，而心好沈博絶麗之文，願不受三歲之奉，且休脱直事之繇，得肆心廣意，以自克就。有詔：可，不奪奉。●可者，免其直事之役，仍不奪其郎俸。令尚書賜筆墨錢六萬，得觀書於石室。●戴云：「各本『室』誤作『渠』，蓋後人所改。左思魏都賦：『闚玉策於金縢，案圖籙於石室。』劉逵注云：『揚雄遺劉歆書曰：得觀書於石室。』文心雕龍事類篇曰：『夫以子雲之才，而自奏不學，及觀書石室，乃成鴻裁。表裏相資，古今一也。』今據以訂正。」如是後一歲，作繡補、靈節、龍骨之銘詩三章。●古文苑注云：「繡補，疑是裍褥之類。靈節，靈壽杖也。龍骨，水車也。」丁云：「案華陽國志巴志：『竹木之璜者，有桃支、靈壽。巴東郡朐忍縣有靈壽木。』蜀志：『廣漢郡五城縣出龍骨，云龍升其山，值天門閉，不達，墮死於此，後没池中，故掘取得龍骨。』」成帝好之，遂得盡意。

故天下上計孝廉及內郡衛卒會者，雄常把三寸弱翰，齎油素四尺，以問其異語，歸即以鉛摘次之於槧，二十七歲於今矣。●案：雄年四十餘游京師，見雄傳贊。其上甘泉諸賦，當在成帝元延二年。古文苑注云：「計雄此時，年近七十。」蓋在天鳳三四年閒。而語言或交錯相反，方覆論思，詳悉集之，燕其疑。●古文苑注云：「會集所未聞，使疑者得所安。」張伯松不好雄賦頌之文，然亦有以奇之。常爲雄道言，其父及其先君憙典訓，●此「常」字不誤，則前「常聞」之不必改「嘗聞」益明矣。「言」字疑衍。張伯松名竦，張敞孫，其父吉，杜鄴從受學焉，事見漢書。屬雄以此篇目頗示其成者。伯松曰：「是懸諸日月不刊之書也。」●「頗示其成者」，一本作「頗示之」三字。李善注任昉蕭公行狀引作「煩示其成者」，「煩」字恐誤。戴云：「示其成者，正見有未成者耳。」又言：恐雄爲太玄經，由鼠坻之與牛場也；如其用，則實五稼，飽邦民。否則爲牴糞，弃之於道矣。而雄般之。●古文苑注云：「般，蒲官切，樂也。」戴本改作「般」，云「古服字」。案，雄自以爲有樂乎此，聞伯松之言，仍自若也，作「般」字是。

伯松與雄獨何德慧，●古文苑注云：「漢人用『慧』字，多與『惠』通。」而君與雄獨何譖隟，而當匿乎哉！其不勞戎馬高車，令人君坐幃幕之中，知絶遐異俗之語，典流于昆嗣，言列於漢籍，誠雄心所絶極，至精之所想遘也。扶聖朝遠照之明，●此足上語耳。「扶」改作「夫」者非，下句上雖似有脱文，然此篇古質，自不當以近代文字律之，若謂引起下句，則用「聖朝」二字足矣，加「夫」字便成時下語氣，「遠照之明」四字果何所指而漫爲貢諛邪？知子雲必不爾。使君宷此，如君之意，誠雄散之之會也。●荅歆書中語。死之日，則今之榮也。不敢有貳，不敢有愛。少而不以行立於鄉里，長而不以功顯於縣官，著訓於帝籍，但言詞博覽，翰墨爲事，誠欲崇而就之，不可以遺，不可以怠。即君必欲脅之以威，陵之以武，欲令入之於此，此又未定，未可以見。今君又終之，則縊死以從命也。●「今」，戴本作「令」。而可且寬假延期，必不敢有愛。●戴云：「『而、如』古通用。」雄之所爲，得使君輔貢于明朝，則雄無恨，何敢有匿？惟執事圖之。長監於規繡之，就死以爲小，雄敢行之。●古文苑注云：「言當長以所規爲監，得緝成其書，以死爲輕。」謹因還使，雄叩頭叩頭。

方言䟽校所据新舊本并校人姓名

宋曹毅之本明正德己巳影鈔

明永樂大典本此與曹本竝戴本所据

明正德丁卯華珵本但見影鈔者

明新安吴琯本

明新安程榮本

明武林何允中本

明錢唐胡文焕本

明鄭樸編子雲集本

明天啟丁卯虎林郎奎金本

明海寧陳與郊類聚本

曲阜新刻新安戴震東原校本名疏證

曲阜孔繼涵體生校

餘姚邵晉涵二雲校

元和余蕭客仲林校

長洲汪潛又陶校

嘉定錢大昭晦之校据廣雅

寶應劉台拱端臨校以二正德本校胡本

歸安丁杰升衢合衆家本校

餘姚盧文弨紹弓覆校授梓

宋李孟傳刻本梓初竣，始得見此本，有不及載者，補遺具之

仁和孫志祖詒穀校

仁和沈景熊朗仲校

新安鮑廷博以文校三君皆梓成後覆校

輶軒使者絶代語釋別國方言第一

漢　揚雄　紀
晉　郭璞　注

一　**黨、曉、哲，知也。**●「知」音智，廣雅作古文「智」。**楚謂之黨，**注黨朗也，解寤皃。**或曰曉；齊宋之閒謂之哲。**

二　**虔、儇，**音翾。**慧也。**注謂慧了。**秦謂之謾；**注言謾詑。謾，莫錢反，又亡山反。詑，音大和反。●案，卷十二內「謾」亦音莫錢反，是舊讀如此，非傳寫之誤，本或刪去前一音，非也。今人音莫半反。「詑」，舊作「詑、訑」，皆俗字。舊先音「詑」，後音「謾」，亦誤到。今皆改正。**晉謂之䫜；**音悝，或莫佳反。●今以小兒慧者曰「乖」，當即「䫜」之轉音。**宋楚之閒謂之倢；**●廣雅作「捷」，同。注言便倢也。**楚或謂之𧬈；**他和反。注亦今通語。**自關而東趙魏之閒謂之黠，或謂之鬼。**注言鬼脈也。●謂黠爲「鬼」，今吴越語尚然。「脈」，舊作「眎」，誤。「黠、鬼、𧖴」，亦見卷十注。

三　娥、㜲，音盈。●説文：「㜲，从女，羸省聲。」文弨案，「羸」，力爲反，與「盈」聲殊不近，凡「籯、蠃、瀛、攍」等字，未有從羸者。「㜲」字説文所無；廣韻以「嬴」爲秦姓，「㜲」爲美好皃。知方言之作「㜲」，其來已久。廣雅作「孎」，從女，羸不省，他書卻未見。今故從衆家本，仍作「㜲」。**好也。秦曰娥，**注言娥娥也。**宋魏之閒謂之㜲。**注言㜲㜲也。**秦晉之閒凡好而輕者謂之娥；自關而東河濟之閒謂之媌，**莫交反。注今關西人亦呼好爲媌。**或謂之姣；**音狡。注言姣潔也。**趙魏燕代之閒曰姝，**昌朱反，又音株。●案，舊脱「又」字，戴本補。注亦四方通語。**或曰妦；**音蜂。注言妦容也。**自關而西秦晉之故都曰妍。**五千反。妍一作忓。注秦舊都，今扶風雍丘也。晉舊都，今太原晉陽縣也。其俗通呼好爲妍。**好，其通語也。**

四　**烈、枿，**五割反。**餘也。**注謂遺餘也。●「遺」，舊誤「烈」，今從卷二注改。**陳鄭之閒曰枿；晉衛之閒曰烈；**●爾雅釋詁郭注：「晉衛之閒曰櫱，陳鄭之閒曰烈。」疏云：「方言文。」與此互異。「櫱」即「枿」也。**秦晉之閒曰肄，**音謚。●案，「肄」字從宋刻，即「肆」字也，襄廿九年左氏傳作「肄」。肄、餘，音以自反，讀以世反者誤。注傳曰：「夏肄是屏」。**或曰烈。**

五　台、音怡。胎、陶、鞠，養也。注台猶頤也。晉衛燕魏曰台；陳楚韓鄭之間曰鞠；秦或曰陶；汝潁梁宋之間曰胎，或曰艾。注爾雅云：「艾，養也。」

六　憮、亡輔反。㤿、音淹。憐、牟，愛也。韓鄭曰憮；晉衛曰㤿；注㤿㥸，多意氣也。汝潁之間曰憐；宋魯之間曰牟，或曰憐。憐，通語也。●爾雅釋詁「憮」作「煤」，疏引此文「或曰憐」之上有「秦」字，係誤衍。楊倞注荀子榮辱篇引此文「牟」作「侔」，古通用。

七　陵、音陵。憮、矜、●廣雅「矜」作「矝」，古通用。悼、憐，哀也。注陵亦憐耳。齊魯之間曰矜；陳楚之間曰悼；趙魏燕代之間曰陵；自楚之北郊曰憮；秦晉之間或曰矜，或曰悼。

八　咺、香遠反。唏、虛几反。灼、音的，一音灼。怛，痛也。凡哀泣而不止曰咺，哀而不泣曰唏。於方，則楚言哀曰唏，燕之外鄙注鄙，邊邑名。朝鮮洌水之間洌，音烈。注朝鮮，今樂浪郡是也。洌水，在遼東。●樂浪，音洛郎。少兒泣而不止曰咺。注少兒猶言小兒。自關而西秦晉之閒凡大人少兒泣而不止謂之唴，丘尚反。●案，今猶有此語。哭極音絶亦謂之唴。平原謂啼極無聲謂之唴哴。注今關西語亦然。哴，音亮。楚謂之噭咷，叫、逃兩音。字或作㕣，音求。齊宋之閒謂之喑，音蔭。或謂之惄。奴歷反。●案，廣雅：「欷、唴哴，悲也。」「欷」即「唏」，「喨」即「哴」。

九　悼、惄、悴、慭，魚吝反。●「吝」，舊作「㖁」，俗字。傷也。注詩曰：「不慭遺一老。」亦恨傷之言也。自關而東汝潁陳楚之閒通語也。●丁云：「此句首似少一『傷』字。」汝謂之惄，秦謂之悼，宋謂之悴，楚潁之閒謂之慭。

一〇　慎、濟、曆、作念反。惄、濕、桓，憂也。注曆者，憂而不動也。●濟者，憂其不濟也，古人語每有相反者。宋衛或謂之慎，或曰曆；陳楚或曰濕，或曰濟；自關而西秦晉之閒或曰惄，或曰濕。自關而西秦晉之閒凡志而不得、欲而不獲、高而有墜、得而中亡謂之濕，注濕者，失意潛沮之名。沮，一作阻。●「濕」，舊皆作「溼」。案，楊倞注荀子脩身篇、不苟篇引方言皆作「濕，優也」，今據此作「濕」，字當讀爲「佗合反」，今吴越語猶然。「憂、優」，古或通用。楊注「有墜」誤作「不墜」，「得而中亡」作「行而中止」。又，李善注陸機詩引方言「惛，憂也」，今諸本皆作「惄」。或謂之惄。

一一　鬱悠、懷、惄、惟、慮、願、念、靖、慎，思也。晉宋衛魯之閒謂之鬱悠。注鬱悠，猶鬱陶也。惟，凡思也；慮，謀思也；願，欲思也；念，常思也。東齊海岱之閒曰靖，注岱，太山。秦晉或曰慎。凡思之貌亦曰慎，注謂感思者之容。或曰惄。

一二　敦、豐、厖、鴟鵂。●「音鴟鵂」，此省「音」字，下皆放此。觀史、漢注中，「傳，音亭傳」「儋，音儋荷」，亦不作「音亭傳之傳」「音儋荷之儋」也。「鵂」，讀如蟒，一音龙。乔、音介。幠、海狐反。般、般桓。嘏、音賈。奕、戎、京、奘、在朗反。將，大也。●爾雅釋詁「乔」作「介」、「奘」作「壯」。「幠」，舊本作「憮」誤，今依爾雅改正。凡物之大貌曰豐。句。厖，句。深之大也。東齊海岱之閒曰乔，或曰幠；宋魯陳衛之閒謂之嘏，或曰戎。秦晉之閒凡物壯大謂之嘏，或曰夏。秦晉之閒凡人之大謂之奘，或謂之壯。燕之北鄙齊楚之郊或曰京，或曰將。皆古今語也。注語聲轉耳。初別國不相往來之言也，今或同。而舊書雅記故俗語，不失其方，注皆本其言之所出也。雅，尔雅也。●「尔」，舊本作「小」，誤。而後人不知，故爲之作釋也。注釋詁、釋言之屬。●戴云：「此自明作書之意，謂舊書常記故俗之語，本不失其方，而後人不知，故爲作方言以釋之，郭注皆誤。」丁云：「漢書敘傳『函雅故，通古今』，『故』如詩『魯故』『韓故』之『故』，與『詁』同；『雅』當如郭氏解，若以『雅』爲『常』，下節『古雅』訓『古常』尤不成辭；且『舊書』二字亦不類漢人句法。」文弨案，丁説是也。「書雅」當連文；「記」謂記載；「故」謂訓故；「俗語」，鄉俗之語；「爲之作釋」，乃自明作此書之意，此則不當如郭氏所云耳。

一三　**假**、音駕。●本亦「音格」。**狢**、古格字。**懷、摧、詹、戾、艐，**古屆字。**至也。邠唐冀兗之閒曰假，或曰狢；**注邠，今在始平漆縣。唐，今在太原晉陽縣。**齊楚之會郊**注兩境之閒。**或曰懷。摧、詹、戾，楚語也。**注詩曰「先祖于摧」「六日不詹」「魯侯戾止」之謂也，此亦方國之語，不專在楚也。**艐，宋語也。皆古雅之別語也，**注雅，謂風雅。**今則或同。**

一四　**嫁、逝、徂、適，往也。自家而出謂之嫁，由女而出爲嫁也。**●列子天瑞篇：「子列子居鄭圃，將嫁於衛，謂自家而出也。」「由」與「猶」同。郭注爾雅釋詁引此文「猶女出爲嫁」，然則「而」字當爲衍文。**逝，秦晉語也。徂，齊語也。適，宋魯語也。往，凡語也。**●「徂」，説文作「退」。

一五　**謾台、**蠻、怡二音。**脅閱，**呼隔反。**懼也。燕代之間曰謾台，齊楚之間曰脅閱。宋衛之間凡怒而噎噫**注噎噫謂憂也。噫，央媚反。**謂之脅閱。**注脅閱，猶閱沭也。●「脅閱」亦作「憎憪」，「憪」又作「澗」。注「澗沭」見卷十；舊作「澗穀」，誤。**南楚江湘之間謂之嘽咺。**注湘，水名，今在零陵。咺，香遠反。●「嘽咺」，廣雅作「蟬咺」，「嘽、蟬」古通用。曹憲音「咺」火袁反。

一六　**虔、劉、慘、綝，殺也。**注今關西人呼打爲綝。音廩，或洛感反。**秦晉宋衛之間謂殺曰劉，晉之北鄙亦曰劉。秦晉之北鄙、燕之北郊、翟縣之郊謂賊爲虔。**注今上黨潞縣即古翟國。**晉魏河内之北謂綝曰殘，楚謂之貪；南楚江湘之間謂之欿。**注言欿綝難猒也。●「綝」即「惏」字。左氏僖廿四年傳：「狄固貪惏。」釋文及正義竝引方言「殺人而取其財曰惏」，今無此語。「欿」，俗本誤作「歁」，宋本不誤。廣雅：「欿、婪，貪也。」曹憲音：「欿，洛感反。」

一七　**亟、憐、憮、㤿，愛也。東齊海岱之間曰亟。**欺革反。●舊本作「詐欺也」，誤。案，「亟」，廣雅作「惐」，曹憲音欺革、九力二反，今据改正。**自關而西秦晉之間凡相敬愛謂之亟；陳楚江淮之間曰憐；宋衛邠陶之間曰憮，或曰㤿。**注陶唐，晉都處。

一八　眉、梨、耋、鮐，老也。東齊曰眉，注言秀眉也。燕代之北鄙曰梨，注言面色似凍梨。宋衛兖豫之内曰耋，注八十爲耋。音經。●案，「耋」，「耊」之省文，猶「耄」一作「秏」。秦晉之郊、陳兖之會曰耇鮐。耇，音垢。注言背皮如鮐魚。今竝讀田節反，易「大耋」，京氏作「絰」，是古亦有「絰」音。

一九　脩、駿、融、繹、尋、延，長也。陳楚之閒曰脩，海岱大野之閒曰尋，注大野，今高平鉅野。宋衛荆吴之閒曰融。自關而西秦晉梁益之閒凡物長謂之尋。周官之法：度廣爲尋，注度，謂絹帛横廣。幅廣爲充。注爾雅曰：「緇廣充幅。」延、永，長也。凡施於年者謂之延，施於衆長謂之永。注各隨事爲義。●「延、永，長也」，攷宋本亦如是。李善注文選於阮籍詠懷詩「獨有延年術」引方言「延，長也」，於嵇康養生論又引作「延，年長也」，蓋即檃括施於年者謂之延意。爾雅疏引方言遂作「延，年長也」，不出「永」字，則下文「永」字何所承乎？若上文作「延，年長也」，下文只當云「永，衆長也」亦可矣，何必更加分疏？或遂据爾雅疏改此文，誤甚。案，書「惟以永年」「降年有永有不永」，「永」未嘗不可施於年也。

二〇　允、訦、音諶。恂、音荀。展、諒、音亮。穆，信也。齊魯之閒曰允，燕代東齊曰訦，宋衛汝潁之閒曰恂，荆吴淮汭之閒曰展，注汭，水口也。音芮。西甌音嘔。毒屋黄石野之閒曰穆。注西甌，駱越别種也。其餘皆未詳所在。衆信曰諒，周南召南衛之語也。●爾雅釋詁「訦」作「諶」，「恂」作「詢」，「諒」作「亮」，音義皆同。彼注引此「代」作「岱」、「汭」作「泗」，誤。

二一 碩、沈、巨、濯、訏、敦、夏、于，大也。注訏亦作芋，音義同耳。香于反。齊宋之閒曰巨，曰碩。凡物盛多謂之寇，注今江東有小鳧，其多無數，俗謂之寇鳧。齊宋之郊楚魏之際曰夥。音禍。自關而西秦晉之閒凡人語而過謂之過，于果反。或曰僉；東齊謂之劍，或謂之弩。弩猶怒也。陳鄭之閒曰敦，荆吴揚甌之郊曰濯，中齊西楚之閒曰訏。注西楚，謂今汝南彭城。自關而西秦晉之閒凡物之壯大者而愛偉之謂之夏，周鄭之閒謂之嘏。音賈。郴，洛含反。齊語也。于，通語也。●案，「陳鄭之閒曰敦」至末，當接前「曰巨、曰碩」之下爲一條，中閒「凡物盛多謂之寇」至「弩猶怒也」當提出别爲一條，舊本皆誤。「嘏」，舊誤作「暇」，今從宋本改正；爾雅釋詁作「假」，亦訓爲大。「郴」，音洛含反，則當與「惏」同。

二二 抵、觸牴。傚，音致。會也。雍梁之閒曰抵，秦晉亦曰抵。凡會物謂之傚。●「抵」，舊本作「牴」誤，今据廣雅改。「觸牴」乃「抵」字之音，俗本誤衍「也」字，今從宋本删。

二三　**華、荂，**音誇。**晠也。**注荂亦華別名。**齊楚之閒或謂之華，或謂之荂。**●案，正文兩「華」字，當作「蕚」。説文：「榮也。」户瓜切。注「華」字當作「雩」。説文：「艸木雩也。」況于切。「或从艸从夸。」今經傳「蕚、雩」通作「華」。

二四　**墳，地大也。青幽之閒凡土而高且大者謂之墳。**注即大陵也。

二五　**張小使大謂之廓，陳楚之閒謂之摸。**音莫。●俗本多从木作「模」，今依宋本。

二六　**嬛、蟬、**火全反。**繝、**音剡。**撚，**諾典反。**未續也。楚曰嬛。**●句絶。**蟬，出也。**注別異義。**楚曰蟬，或曰未及也。**●案，「未續」，則欲續之也。「未及」，則欲及之也。廣雅乃以「未」亦訓續，誤。

二七　**踏、**古蹋字，他匣反。**遥、**逍遥。**𨅃，**音拂。**跳也。楚曰𨀡。**敕厲反。注亦中州語。**陳鄭之閒曰遥；楚曰𨄅；自關而西秦晉之閒曰跳，或曰踏。**●案，「蹋」，本或作「塌」，又作「榻」，皆誤。

二八　**躡**、**郅**、音質。**跂**、音企。**佫**、注佫亦訓來。●案，「佫，來也」見下卷。**躋**、濟渡。●案，當音「躋攀」。爾雅釋詁釋文「躋」子兮反，説文祖雞切，皆無「濟」音。**踚**，踊躍。**登也。自關而西秦晉之閒曰躡；東齊海岱之閒謂之躋；魯衛曰郅；梁益之閒曰佫，或曰跂。**

二九　**逢、逆，迎也。自關而東曰逆；自關而西或曰迎，或曰逢。**

三〇[一]　**撏**、常含反。**攓**、音騫。**摭**、盜蹠。**挻**，羊羶反。**取也。南楚曰攓，陳宋之閒曰摭，衛魯揚徐荆衡之郊曰撏。**注衡，衡山，南岳名，今在長沙。**自關而西秦晉之閒凡取物而逆謂之篡，楚部或謂之挻。**●案，「攓」，亦音搴，與「搼、搴」同。「摭」亦作「拓」，説文：「拓，拾也，陳宋語。」「篡」，舊本誤作「饕」，又有「音饌」二字，乃後人隨字爲音，失之不審。今据爾雅釋詁：「篡，取也。」説文：「屰而奪取曰篡。」漢書衛青傳：「公孫敖與壯士往篡之。」師古曰：「逆取曰篡。」今定作「篡」字。「篡」音初患反，不當音饌，故并删去之。今杭人猶有此語，音近撮，

[一] 匯函本此條與上條連爲一條，誤。

蓋即「篹」聲之轉。

三一　**餥、**音非。**飵，**音昨。**食也。陳楚之内相謁而食麥饘**音旃。**謂之餥，**注饘，糜也。**楚曰飵。凡陳楚之郊南楚之外相謁而餐**注晝飯爲餐。謁，請也。●舊本「餐」作「飧」，誤。案，廣雅作「湌」，與「餐」音義同。**或曰飵，或曰鲇；**音黏。**秦晉之際河陰之間曰饐**惡恨反。**䭓，**五恨反。注今馮翊郃陽，河東龍門是其處也。●案，晉志河東郡無龍門縣，漏也。使無龍門縣，亦當載龍門山，何并遺之？説者疑龍門縣魏太武置。考隋志「龍門縣」下云：「魏置龍門郡。」是於縣置郡治，不可以「魏置」爲句。又考魏書地形志，龍門縣屬北鄉郡，無注，益知非魏始置。郭本河東人，不宜有誤。**此秦語也。**注今關西人呼食欲飽爲饐䭓。

三二　**釗、**居遼反。**薄，勉也。**注相勸勉也。**秦晉曰釗，或曰薄。故其鄙語曰薄努，猶勉努也。**注如今人言努力也。**南楚之外曰薄努，自關而東周鄭之間曰勔釗。**沈湎。**齊魯曰勖兹。**注勖、勔，亦訓勉也。

輶軒使者絶代語釋別國方言第二

一　釥、錯眇反。●即今所謂「俏」也。廣韻：「俏醋，好貌。」嫽，洛夭反。好也。青徐海岱之間曰釥，或謂之嫽。【注】今通呼小姣潔喜好者爲嫽釥。好，凡通語也。

二　朦、忙紅反。厖，鴟鵼。豐也。●説郛本「豐」下有「大」字。自關而西秦晉之間凡大貌謂之朦，或謂之厖。豐，其通語也。趙魏之郊燕之北鄙凡大人謂之豐人。燕記曰：●一本「燕記」上有「故」字。「豐人杼首。」杼首，長首也。楚謂之仔，音序。燕謂之杼。燕趙之間言圍大謂之豐。【注】謂度圍物也。

三　娃、烏佳反。嫷、諾過反。窕、途了反。豔，美也。吴楚衡淮之間曰娃，南楚之外曰嫷，【注】言婑嫷也。宋衛晉鄭之間曰豔，陳楚周南之間曰窕。自關而西秦晉之間凡美色或謂之好，或謂之窕。故吴有館娃之宫，秦有榛娥之臺。【注】皆戰國時諸侯所立也。榛，音七。●「秦有」二字，各本脱，從宋本補。秦晉之間美貌謂之娥，【注】言娥娥也。美狀爲窕，【注】言閑都也。**美色爲豔，**注言光豔也。**美心爲窈。**注言幽靜也。

四　奕、偞，音葉。**容也。自關而西凡美容謂之奕，或謂之偞。**注奕、偞，皆輕麗之皃。**宋衛曰偞，陳楚汝潁之閒謂之奕。**

五〔一〕**顤、**音綿。下作「矊」，音字同耳。●説文作「矏」。**鑠、**舒灼反。**盱、**香于反。**揚、䁖，**音滕。**雙也。**●廣韻：「䁖，雙也。」各本作「䁖」，今從宋本作「䁖」。又，「雙」各本作「隻」，戴据玉篇、廣韻定作「雙」，今從之。**南楚江淮之閒曰顤，或曰䁖。好目謂之順。**注言流澤也。**驢瞳之子**注驢，黑也。**謂之矊。**注言矊邈也。**宋衛韓鄭之閒曰鑠。**注言光明也。**燕代朝鮮洌水之閒曰盱，**注謂舉眼也。**或謂之揚。**注詩曰「美目揚兮」是也。此本論雙耦，因廣其訓，復言目耳。

六　嫢、羌箠反。●「嫢」，舊本誤作「魏」，今据廣雅改正。説文：「嫢，媞也。」與「偍」音訓亦

〔一〕匯函本此條與上條連爲一條，誤。

相近。笙、揫、音遒。摻，素檻反。細也。自關而西秦晉之閒凡細而有容謂之嫢，注嫢嫢，小成皃。或曰徥。度指反。注言徥偕也。●「度指反」，舊作「度皆反」，今從卷六内音改正。注「徥偕」，各本作「徥偕」，今從宋本。案，説文：「徥徥，行也。」是支切。援以互証可也，必以彼易此，竊所未安。凡細皃謂之笙。斂物而細謂之揫，或曰摻。

七　僷、注言瓌瑋也。渾、狐本反。注們渾，肥滿也。膞、匹四反。注膞呬，充壯也。驤、音壤。僇、恪膠反。泡，音庖。盛也。僷，自關而西秦晉之閒語也。陳宋之閒曰僇，注僇佯，麤大皃。江淮之閒曰泡，注泡肥，洪張皃。秦晉或曰驤，梁益之閒凡人言盛及其所愛偉其肥膞謂之驤。注肥驤多肉。●「自關而西」上，舊本脱「僷」字，戴本增之，是也。「偉」上各本有「曰」字；「偉」作「諱」，宋本作「偉」。案，文選鄒陽書有「壤子」，李善注引方言「瑋其肥盛」，晉灼注漢書以「瑋」爲「諱」。今考説文，亦作「諱」字。「諱其肥盛」，今俗聞於小兒猶然，似亦不爲無理，唯「曰」字爲衍無疑耳。今江淮人謂質弱力薄者爲「驤」，亦語之反也。

八　私、策、纖、䒗、音鋭。稺、古稚字。杪，莫召反。小也。自關而西秦晉之郊梁益之閒凡物小者謂之私，●各本此下又有「小」字。今案，當爲衍文。或曰纖；繒帛之細者謂之纖。東齊言布帛之細者曰綾，音淩。秦晉曰靡。注靡，細好也。●近校者据李善注長門賦、魯靈光殿賦引此注皆作「靡靡」，因謂脱一「靡」字，當補，不知善但順賦之成文耳。如善注陸機詩「奕奕馮生」引方言「自關而西凡美容謂之奕奕」，今方言「奕」字竝不重。此類非一，皆不當增。凡草生而初達謂之葆。注鋒萌始出。稺，年小也。木細枝謂之杪，注言杪梢也。江淮陳楚之内謂之蔑，注蔑，小皃也。青齊兖冀之間謂之葼，馬鬆。●案，「鬆」乃「鬉」之俗字。燕之北鄙朝鮮洌水之間謂之策。故傳曰：「慈母之怒子也，雖折葼笞之，其惠存焉。」注言教在其中也。

九　殗於怯反。殜，音葉。微也。宋衛之間曰殗。自關而西秦晉之間凡病而不甚曰殗殜。注病半臥半起也。●今轉爲「㤙㤙」。

一〇　臺、敵，匹一作迮。也。●舊本「匹」誤作「延」，今据廣雅改正。「迮」未詳。東齊海岱之間曰臺。自關而西秦晉之間物力同者謂之臺。句。敵，耦也。注耦亦匹，互見其義耳。●案，「耦也」及注，舊本俱誤在下條「抱娩」下，今移正。注「匹」字，舊本亦作「迮」。

一一　**抱娩，**音赴。一作嬎，孚萬反。●「娩」，俗本作「𡟎」，今從宋本，下竝同。「音赴」二字，舊誤在前「耦也」注末。今案，當在「娩」字下，廣韻「娩」與「赴」同音，兔子曰「娩」，又孚萬切。案，說文「嬎」字在女部：「生子齊均也。从女生，免聲。」芳萬切。又，「娩」字在兔部：「兔子也，娩疾也。从女兔。」芳萬切。案，「娩」字注當本是「芳遇切」，从兔得聲，形近誤爲「芳萬切」。玉篇「娩」下但音「孚萬切」，「嬎」字云「同上」，是所見已是說文誤本。廣韻「娩」在赴紐下是矣，而又出「孚萬切」一音，亦是沿說文誤本，故兩歧也。方言宋本「孚萬反」在「一作嬎」之上，亦誤。今以「音赴」爲「娩」字正音，以「孚萬反」爲「嬎」字正音，庶幾得之。**荊吳江湖之閒曰抱娩，宋潁之閒或曰娩。**

一二　**倚，**於寄反。**踦，**郄奇反。**奇也。**奇耦。**自關而西秦晉之閒凡全物而體不具謂之倚，梁楚之閒謂之踦。雍梁之西郊凡獸**●各本作「嘼」，許救反，家畜也。今從宋本〔一〕。**支體不具者謂之踦。**

〔一〕宋：匯函本作「末」，誤。

一三　逴、勑畧反。獡、音鑠。透，式六反。驚也。自關而西秦晉之閒凡蹇者或謂之逴，注行略逴也。體而偏長短亦謂之逴。宋衛南楚凡相驚曰獡，或曰透。注皆驚皃也。●相驚曰透，今人猶然。

一四　儀、佫，來也。陳潁之閒曰儀；自關而東周鄭之郊齊魯之閒曰佫，或曰懷。●宋本「或」字誤在「曰佫」上，今移正。各本作「或謂佫曰懷」，戴本作「或謂之佫，或曰懷」，亦未得也。

一五　䵒、音昵。●本亦作「𪏮」，説文尼質切。各本「音日」，或「音刃」，皆誤。敎，音汝。黏也。齊魯青徐自關而東或曰䵒，注言黏䵒也。或曰敎。

一六　餬、音胡。託、庇、庇蔭。寓、媵，音孕。●即「媵」字。寄也。齊魯宋衛陳晉汝潁荆州江淮之閒曰庇，●「齊魯宋衛」，宋本如是，各本作「齊衛宋魯」。或曰寓。寄食爲餬，注傳曰「餬予口於四方」是也。●案左傳「予」作「其」。凡寄爲託，寄物爲媵。

一七　逞、苦、了，快也。自山而東或曰逞，楚曰苦，注苦而爲快者，猶以臭爲香、亂爲治、徂爲存，此訓義之反覆用之是也。●「亂爲治」，各本作「治爲亂」，誤，今據爾雅注改。又「是也」，疑當作「者也」。秦曰了。注今江東人呼快爲愃。相緣反。

一八　㥄、惲、赧，愧也。晉曰㥄，或曰惲。秦晉之間凡愧而見上謂之赧，注小雅曰：「面愧曰赧。」●案，小雅即小爾雅，凡五經正義及李善注文選多如此，省文也。舊本作「面赤愧」，衍「赤」字。今小爾雅作「面慚曰戁」，「戁」與「赧」古通用。梁宋曰惲。音匿。注敕惲，亦慙皃也。

一九　叨、託高反。惏，洛含反。殘也。陳楚曰惏。

二〇　馮、●宋本作「憑」，下同。今案，皆可通。齘、●案，「齘」即「齘」字，舊本誤作「龢」。苛，怒也。楚曰馮，注馮，恚盛皃。楚詞曰：「康回馮怒。」小怒曰齘。注言噤齘也。陳謂之苛。注相苛責也。

二一　憡、音策。刺，●盧達反，廣雅作「瘌」。痛也。注憵憡，小痛也。自關而西秦晉之閒或曰憡。

二二　撟捎，矯、騷兩音。選也。注此妙擇積聚者也。自關而西秦晉之閒凡取物之上謂之撟捎。

二三　㨏、呼旱反。梗、魚鯁。爽，猛也。晉魏之閒曰㨏，注傳曰：「㨏然登埤。」韓趙之閒曰梗，齊晉曰爽。

二四　瞯、音閑。睇、音梯。●各本「音悌」，今從宋本。晞、略，音畧。眄也。陳楚之閒南楚之外曰睇；東齊青徐之閒曰晞；吳揚江淮之閒或曰瞯，或曰略；自關而西秦晉之閒曰眄。

二五　餽、消息。喙、口喙。呬，許四反。息也。周鄭宋沛之閒曰餽；自關而西秦晉之閒或曰喙，或曰餽；東齊曰呬。

二六　𨱍、劈歷。摫，音規。裁也。梁益之閒裁木爲器曰𨱍，裂帛爲衣曰摫。𨱍又斲也。

注皆析破之名也。晉趙之間謂之鋠鋠。●案，疑衍一「鋠」字。

二七　鐫，子旋反。琢也。注謂鏨鐫也。●「琢」，舊本作「掾」，誤。今据說文「鐫，琢石也」定作「琢」。「鏨」，藏濫反，又音蠶。晉趙謂之鐫。

二八　鍇、音楷。●舊音皆誤。鐕，音敵。●「鐕」，本作「鍇」。堅也。自關而西秦晉之間曰鍇，吴揚江淮之間曰鐕。

二九　揄鋪、音敷。幨音藍。㡌、帗音拂。縷、葉褕，音臾。毳音脆。也。注皆謂物之扞蔽也。荆揚江湖之間曰揄鋪，楚曰幨㡌，陳宋鄭衛之間謂之帗縷，燕之北郊朝鮮洌水之間曰葉褕。注今名短度絹爲葉褕也。●舊本「葉褕」作「葉輸」，戴据玉篇改定，今從之。

三〇　孑、蓋，昨吝反。餘也。注謂遺餘。周鄭之間曰蓋，或曰孑；青徐楚之間曰孑。自關而西秦晉之間炊薪不盡曰蓋。●「蓋」與「燼」同。孑，俊也。遵，俊也。注廣異語耳。

三一　翿、音濤。幢，徒江反。翳也。注儛者所以自蔽翳也。楚曰翿，關西關東皆曰幢。

三二　搜、略，求也。秦晉之間曰搜。就室曰搜，於道曰略。略，强取也。攈、古捃字。摭，盜蹠。取也。此通語也。

三三　茫、莫光反。矜、奄，遽也。注謂遽矜也。吳揚曰茫；注今北方通然也。陳潁之間曰奄；秦晉或曰矜，或曰遽。

三四　速、逞、摇扇，疾也。東齊海岱之間曰速，燕之外鄙朝鮮洌水之間曰摇扇，楚曰逞。

三五　予、賴，讎也。南楚之外曰賴，注賴亦惡名。●戴云：「蓋讀賴爲厲，古通用。」秦晉曰讎。●戴云：「卷六内『誣、䛘，與也』，廣雅作『予也』，是『予』有相讎之義。」

三六　恒慨、葠索含反。綏、羞繹、音奕。紛毋，言既廣又大也。荆揚之間凡言廣大者謂之恒慨；東甌之間謂之葠綏，注東甌亦越地，今臨海永寧是也。或謂之羞繹、紛毋。

三七 **剿**、雀潦反，又子了反。**蹶**，音蹖蹶。●案，此郭音也。郭注爾雅又别爲音一卷，則於此書亦當爾，故不以入注，下竝放此。舊本此三字在下「或曰蹶」之下，又「音」字誤作「言」，此處有「音厥」二字，當爲後人所加，今從戴本移正。**獪也。**古狡狭字。**秦晉之間曰獪；楚謂之剿，或曰蹶；楚鄭曰蔿，**音指撝，亦獪聲之轉也。●「獪」，舊本作「或」，誤。今改正。**或曰姡。**注言黠姡也。**今建平郡人呼狡爲姡。**胡刮反。●案，説文「姡」作「婚」，今從省。

輶軒使者絶代語釋别國方言第三

一　陳楚之閒凡人嘼乳而雙産謂之釐孳，音兹。●玉篇作「孷孖」。秦晉之閒謂之僆子，音輦。自關而東趙魏之閒謂之孿生。蘇官反。女謂之嫁子。注言往適人。

二　東齊之閒聓謂之倩。注言可借倩也。今俗呼女聓爲卒便是也。卒便一作平便。●案，「聓」，説文作「壻」，此正字也。然漢晉以來即有用「聟、聟、聟、聓」等俗字者，此「聓」字舊本相沿，不便遽易。又，「卒便」合音即爲「倩」。「一作平便」，此校者之辭，作「平使」者誤。

三　燕齊之閒養馬者謂之娠。音振。注今之温厚也。官婢女廝謂之娠。注女廝，婦人給使者，亦名娠。

四　楚東海之閒亭父謂之亭公。注亭民。卒謂之弩父，注主儋幔弩導幨，因名云。

或謂之褚。注言衣赤也。褚，音赭。●案，左傳「褚師」釋文張呂反。

五　臧、甬、音勇。侮、獲，奴婢賤稱也。荆淮海岱雜齊之間注俗不純爲雜。罵奴曰臧，罵婢曰獲。齊之北鄙燕之北郊凡民男而聓婢謂之臧，女而婦奴謂之獲，亡奴謂之臧，亡婢謂之獲。皆異方罵奴婢之醜稱也。自關而東陳魏宋楚之閒保庸謂之甬。注保，言可保信也。秦晉之閒罵奴婢曰侮。注言爲人所輕弄。

六　蔿、音花。譌、訛言。譁、五瓜反。皆化聲之轉也。涅，化也。燕朝鮮洌水之閒曰涅，或曰譁。雞伏卵而未孚音赴。始化之時謂之涅。

七　斟、●案，「斟」疑本是「斟」字之誤。説文：「斟斟，盛也。」子入切。廣韻昌汁切，引字統云：「會聚也。」復古編：「尺入切，會集之也。」皆與「協汁」義相近。然注又云：「或曰潘汁。」似郭所見已作「斟」，然「斟」縱可爲羹汁，若施之「協」，不可通矣。協，●案，舊本作「恊」，下竝同，説文亦有此字。汁也。注謂和協也。或曰潘汁，所未能詳。●「潘」字，舊本皆然，亦有汁義。戴從劉熙釋名改作「瀋」。案，正文「汁也」胡頰反，此「潘汁」之入反，郭意蓋不以或説爲然。北燕朝鮮洌水之間曰斟，自關而東曰協，關西曰汁。

八　蘇、芥，草也。注 漢書曰：「樵蘇而爨。」蘇猶蘆，語轉也。● 案，漢書韓信傳作「樵蘇後爨」。江淮南楚之間曰蘇；自關而西或曰草，或曰芥。注 或言菜也。南楚江湘之間謂之莽。嫫母。● 「莽」，各本誤作「芥」，戴本据薛綜注張衡西京賦定作「莽」。讀如「嫫母」之「母」，下本無「反」字，增之非也。蘇亦荏也。注 荏屬也。爾雅曰：「蘇，桂荏也。」關之東西或謂之蘇，或謂之荏；周鄭之間謂之公蕡。音翡翠。● 案，「蕡」有肥、臂二音，故「蕡」讀「翡翠」之「翡」。注 今江東人呼荏爲菩。音魚。● 案，宋本「音吾」，皆可通。沅湘之南或謂之蓄。音車轄。注 今長沙人呼野蘇爲蓄。沅，水名，在武陵。其小者謂之蘸葇。注 堇葇也，亦蘇之種類，因名云。

九　豐、舊音蜂，今江東音嵩，字作菘也。蕘，鈴鐃。● 俗本作「鈴鐃」，今從宋本、正德本。蕪菁也。陳楚之郊謂之豐，魯齊之間謂之蕘，● 「間」，各本作「郊」，今從宋本。關之東西謂之蕪菁，趙魏之郊謂之大芥。其小者謂之辛芥，或謂之幽芥；其紫華者謂之蘆菔。羅、匐二音。注 今江東名爲温菘，實如小豆。東魯謂之菈遝。洛荅、徒合兩反。● 「徒合」從宋本，俗本作「大合」。

一〇　葰、芡，音儉。雞頭也。北燕謂之葰；注今江東亦名葰耳。●俗本「葰」誤「葰」[一]，今從宋曹毅之本。青徐淮泗之閒謂之芡；南楚江湘之閒謂之雞頭，或謂之鴈頭，或謂之烏頭。注狀似烏頭，故轉以名之。●「轉」，舊本作「傳」誤，今從戴本。

一一　凡草木刺人，北燕朝鮮之閒謂之茦，注爾雅曰：「茦，刺也。」[二]●「茦」，各本作「策」，今据爾雅改。茦，初革反。刺，七亦反。又作莿，七賜反。或謂之壯；注今淮南人亦呼壯。壯，傷也，山海經謂刺爲傷也。自關而東或謂之梗，注今云梗榆。或謂之劌；音鱖魚也。●「劌、鱖」皆居衛反，俗本「鱖」誤作「鱥」，今從宋本改正。注劌者，傷割人名。自關而西謂之刺；江湘之閒謂之棘。己力反。注楚詞曰：「曾枝剡棘。」亦通語耳。

一二　凡飲藥傅藥而毒，南楚之外謂之瘌；乖瘌。●或當是音「乖剌」，郎達反。北燕朝鮮之閒謂之癆；音澇。●俗本作「音聊」，今從宋本。注癆、瘌皆辛螫也。東齊海岱之閒謂之

[一] 葰：匯函本作「眷録」。
[二] 方言正文「刺、茦」，注文中所引爾雅同。據盧氏下文校語，「刺、茦」作「刺、茦」者，刻本之誤也。本條「刺、茦」均當據此改作「刺、茦」，「莿」亦當改作「莿」。

瞑，或謂之眩；注瞑眩，亦今通語耳。●正德以下本，「瞑」作「眠」。案，卷十内正作「眠」，二字可通用。**自關而西謂之毒。瘌，痛也。**

一三　**逞、曉、恔、苦，快也。**注恔即狡。狡戲亦快事也。●案，詩萇楚箋：「狡狭，淫戲。」**自關而東或曰曉，或曰逞；江淮陳楚之間曰逞；宋鄭周洛韓魏之間曰苦；東齊海岱之間曰恔；自關而西曰快。**

一四　**膠、譎，詐也。**●案，郭璞爾雅序「竝多紛謬」釋文引方言：「謬，詐也。」廣雅：「謬、譎、詐、膠，欺也。」「謬」與「膠」竝見，似此脱一「謬」字。**涼州西南之間曰膠；自關而東西或曰譎，或曰膠。**注汝南人呼欺爲讉，亦曰詒。讉，託回反。詒，音殆。●俗本「託」作「訑」，戴本「讉訑」連文，又增「他」字，作「他回反」，誤。**詐，通語也。**

一五　**揠、**烏拔反。**擢、拂、戎，拔也。**注今呼拔草心爲揠。**自關而西或曰拔，或曰擢；自關而東江淮南楚之間或曰戎；東齊海岱之間曰揠。**

一六　慰、廛，音纏約。度，尻也。注周官云：「夫一廛。」宅也。●案，「度」與「宅」，古通用。「尻」，古「居」字，宋本作「居」。江淮青徐之閒曰慰；東齊海岱之閒或曰度，或曰廛，或曰踐。

一七　萃、雜，集也。東齊曰聚。●舊本誤作「聖」，戴据廣雅改正。

一八　迨、遝，●徒荅反。及也。東齊曰迨；音殆。關之東西曰遝，或曰及。

一九　荄、杜，根也。注今俗名韭根爲荄。音陔。東齊曰杜，注詩曰：「徹彼桑杜。」是也。●案，所引係韓詩。或曰茇。音撥。

二〇　班、徹，列也。北燕曰班，東齊曰徹。

二一　瘼、音莫。癁，病也。注謂勞復也。東齊海岱之閒曰瘼，或曰癁；秦曰瘎。音諶。●正德本作「音闇或湛」，今從宋本。

二二　掩、醜、掍、衮衣。綷，作憒反。同也。江淮南楚之閒曰掩；宋衛之閒曰綷，或曰掍；東齊曰醜。

二三　裕、猷，道也。東齊曰裕，或曰猷。

二四　虔、散，殺也。●「虔」訓殺，已見卷一内。丁云：「昭元年左氏傳『蔡蔡叔』釋文云：『上蔡字，音素葛反，放也。』説文作『𣪠』，音同，字從殺下米，云：『𥻆𣪠，散之也。』可以互證。」東齊曰散，青徐淮楚之閒曰虔。

二五　汜、音汎。浼、音漫。濶、湯濶。洼，烏蛙反。洿也。注皆洿池也。自關而東或曰洼，或曰汜；東齊海岱之閒或曰浼，或曰濶。注荆州呼潢也。

二六　庸、恣、比、比次。侹、挺直。更、佚，蹉跌。代也。齊曰佚，江淮陳楚之閒曰侹，餘四方之通語也。注今俗亦名更代作爲恣作也。●「恣」當作「佽」。説文：「佽，遞也。」又昭十六年左氏傳：「庸次比耦。」作「次」，與更代義相近。「佚、迭」古通用。

二七　**氓，**音萌。**民也。** 注 民之總名。

二八　**杋，**音舊。**仇也。** 注 謂怨仇也。 ● 集韻作「𢭃」，引方言「𢭃，仇也」。

二九　**寓，寄也。** ● 已見卷二中。

三〇　**露，敗也。**

三一　**別，治也。**

三二　**棖，法也。** 注 救傾之法。 ● 「棖」與「堂歫」之「堂」古通用。

三三　**謫，**音蹟。**怒也。** 注 相責怒也。

三四　閒，非也。

三五　格，正也。

三六　畯，數也。注偶物爲麗，故云數也。

三七　軫，江東音善。戾也。注相了戾也。●案，「軫」與「紾、抮」竝同。考工記：「老牛之角紾而昔。」釋文云：「紾，許慎尚展反，又徒展反，與注『抮縛』之『抮』同。」此音「善」，亦相合。注「了戾」，李善注王融策秀才文引方言作「乖戾」，蓋誤也。「了」有繆曲之義，作「了戾」方與「紾」義尤切。考酉陽雜俎云：「野牛高丈餘，其頭似鹿，其角了戾，長一丈，白毛，尾似鹿，出西域。」据此，正與考工記之「紾」義合。又導引經云：「叉手項上，左右自了戾不息，復三。」此亦繆轉之意。本或作「又戾」，於義何取？誤也。又「了戾」即「繚戾」。劉向九嘆：「繚戾宛轉阻相薄兮。」詩魏風葛屨毛傳云：「糾糾，猶繚繚。」朱子亦以「繚戾」釋之，尤可證。

三八　屑，音薛。潔也。注謂潔清也。

三九　諄，章順反。**罪也。** 注 謂罪惡也。●案，「諄」，俗本作「諄」，字書無此字，今從正德本。「諄」即「諄」字，章倫反，亦不見有罪惡義。竊疑「諄」字當即孟子「凡民罔不譈」之「譈」省，與「憝」同，徒對反。趙岐注孟子「譈，殺也」，書傳訓「惡」，烏路反。可惡、可殺，是則有罪者也。

四〇　俚，音吏。**聊也。** 注 謂苟且也。

四一　稛，恪本反。**就也。** 注 稛稛，成就皃。

四二　苙，音立。**圂也。** 注 謂蘭圂也。●案，「蘭圂」亦作「蘭圈」。

四三　廋，音搜索也。**隱也。** 注 謂隱匿也。

四四　銛，音忝。**取也。** 注 謂挑取物。

四五　**棖，隨也。**注棖柱令相隨也。●「棖」亦作「檉」。徐鉉云：「今俗作撐，非。」

四六　**儓、**音臺。**醜，**音麳。**農夫之醜稱也。南楚凡罵庸賤謂之田儓，**注儓儓，駑鈍皃。**或曰僕臣儓，亦至賤之號也。或謂之醜，**注醜，丁健皃也。廣雅以爲奴，字作麳，音同。●案，廣雅：「儓、醜，醜也。」此所引誤。**或謂之辟。**音擘。**辟，商人醜稱也。**注辟辟，便黠皃也。

四七　**庸謂之倯，**相容反。**轉語也。**注倯猶保倯也。今隴右人名孏爲倯。

四八　**褸裂、**音縷。**須捷、**●舊本作「撻」。**挾斯，敗也。南楚凡人貧衣被醜弊謂之須捷，**●案，「弊、敝」古通用。注須捷，狎翣也。**或謂之褸裂，**注褸裂，衣壞皃。●注「褸」字，舊本脱。**或謂之襤褸。故左傳曰：「蓽路襤褸，以启山林。」**注蓽路，柴車。●案，「启」與「啓」，古通用。**殆謂此也。或謂之挾斯。**注挾斯，猶挾變也。●「挾變」，正德本作「挾亦」。**器物弊亦謂之挾斯。**

四九　**撲、**打撲。**鋌、**音挺。**澌，盡也。南楚凡物盡生者曰撲生。**注今種物皆生云撲地生也。物空盡者曰鋌。鋌，賜也。注亦中國之通語也。鋌、賜、撲、澌，皆盡也。鋌，空也，語之轉也。●「鋌賜撲澌」，舊本誤作「連此撲澌」，今從戴本。詩大雅皇矣篇「王赫斯怒」，鄭讀「斯」爲「賜盡」也。古棗下何纂纂詩：「棗適今日賜，誰當仰視之。」新唐書李密傳：「敖庾之藏，有時而賜。」亦作「儩」，皆盡義。「鋌，空也」，廣雅作「罕，空也」。

五〇　撲、翕、葉，聚也。注撲屬，藂相著皃。●案，「撲屬」，考工記作「樸屬」，鄭注云：「樸屬，猶附著。」俗本「藂」誤作「葉」，今從宋本、正德本改正。楚謂之撲，或謂之翕。葉，楚通語也。

五一　斟，益也。注言斟酌益之。南楚凡相益而又少謂之不斟。凡病少愈而加劇亦謂之不斟，或謂之何斟。注言雖少損無所益也。

五二　差、●初賣反。間、●言閒廁之閒。知，愈也。南楚病愈者謂之差，或謂之間，注言有間隟。●「隟」亦「隙」字。或謂之知。知，通語也。或謂之慧，或謂之憭，注慧、憭皆意精明。或謂之瘳，或謂之蠲，音涓，一音圭。●舊本作「一圭反」，誤。案，詩「吉蠲爲饎」，三家詩作「吉圭惟饎」，是「蠲」有圭音，今改正。注蠲亦除也。或謂之除。

輶軒使者絶代語釋别國方言第四

一　襌衣，江淮南楚之閒謂之褋，音簡牒。注楚辭曰：「遺余褋兮澧浦。」關之東西謂之襌衣。有褒者注前施褒囊也。褒，房報反。趙魏之閒謂之袏衣；●袏，丁賀反。無褒者謂之裎衣，音逞。古謂之深衣。注制見禮記。

二　襜褕，江淮南楚謂之䄬，裳凶反。䘡，●小爾雅作「童容」。自關而西謂之襜褕，其短者謂之裋褕。音豎。以布而無緣、敝而紩之謂之襤褸。自關而西謂之裗䘿，音倔。注俗名䘿掖。其敝者謂之緻。丁履反。注緻縫納敝，故名之也。

三　汗襦，注廣雅作褕。●案，廣雅：「䄬䘡、祇裯，襜褕也。」無「汗褕」，此恐誤。江淮南楚之閒謂之褶；音甑。自關而西或謂之祇音氐。●正德本「音止」，誤。案，廣雅「音低」。裯；丁牢反。注亦呼爲掩汗也。自關而東謂之甲襦；陳魏宋楚之閒謂之襜襦，或謂之襌襦。

注今或呼衫爲單襦。

四 帬，陳魏之閒謂之帔，音披。自關而東或謂之襬。音碑。注今關西語然也。

五 蔽厀，江淮之閒謂之褘，音韋，或暉。●爾雅釋器疏「江淮」下有「南楚」二字，係誤衍。或据以增入，非也。或謂之祓。音沸。●案，爾雅疏「音弗」。魏宋南楚之閒謂之大巾，自關東西謂之蔽厀，齊魯之郊謂之袡。昌詹反。●宋本、正德本「魯」作「楚」。又「袡」，宋本作「裧」。爾雅疏則皆同今本。

六 襦，注字亦作「褕」。又襦，無右也。●案，舊本連上不提行，故爾雅疏於「袡，昌詹切」之下亦誤賸一「襦」字。又案，宋本注「褕」字作「襝」，「襝」字與「袡、襜、裧」等字同，似當在「袡」字下，不當在此。正德本作「褕」，戴本從之。戴云：「『無右，即釋名所謂『以中襟之領，使上橫壅頸』者，右無曲裾，故曰無右。』西南蜀漢謂之曲領，或謂之襦。●「蜀」，舊本作「屬」，誤。戴据後卷五内改正。

七　**褌，陳楚江淮之間謂之𧝎。** 息勇反。●俗本作「錯勇反」，今從宋本。

八　**袴，齊魯之閒謂之䙆，** 音騫。注傳曰：「徵䙆與襦。」●案，傳「䙆」作「褰」，宋本「襦」作「襦」，同。**或謂之襱。** 音鮦魚。注今俗呼袴踦爲襱。**關西謂之袴。**

九　**褕謂之袖。** 注襦䙆有袖者，因名云。●戴氏案：「釋名云：『半袖，其袂半襦而施袖也。』是襦有不施袖者，正文當云『褕謂之半袖』，注當云『襦之半袖者』。注內『䙆』字亦舛誤，『䙆』不得言袖，當是因上條而訛。」

一〇　**衱謂之褗。** 劫、偃兩音。注即衣領也。

一一　**袿謂之裾。** 注衣後裾也。或作袪，廣雅云「衣袖」。

一二　**褸謂之衽。** 注衣襟也。或曰裳際也。

一三 **褸謂之緻。** 注 襤褸，緻結也。● 注「緻」字從宋本，俗本多作「綴」。

一四 **裯謂之襤。** 注 祗裯，弊衣。亦謂襤褸。● 已見前。**無緣之衣謂之襤。**

一五 **無袂**音藝。● 案，「袂」亦作「褹」，見下文。宋本「音寱」，不必從。**衣謂之裗。**音慢惰。● 「袂」下俗本有「之」字。案，宋本、正德本皆無。注 袂，衣袖也。

一六 **無祠袴謂之襣。** ● 「祠」下宋本及近本皆有「之」字，正德本無。注 袴無踦者，即今犢鼻褌也。祠亦襱，字異耳。

一七 **襜謂之袩。** 所交、丁俠兩反。● 「所交」，正德本作「于苕」，今從宋本。注 未詳其義。

一八 **衿謂之交。** 注 衣交領也。

一九 **裺**於劒反。● 正德本「於」作「尖」，今從宋本。**謂之襦。**

二〇 **襜謂之被。** 注 衣掖下也。

二一 **佩紟**音禁。**謂之裎。** 注 所以係玉佩帶也。

二二 **褸謂之袩。** 注 即衣衽也。

二三 **覆裕**作憒反。**謂之襌衣。**

二四 **偏襌謂之襌襦。** 注 即衫也。

二五 **約纏**灼、纏兩音。**謂之禪。** 注 今又呼爲涼衣也。 ●「禪」，俗本誤作「褌」，今從宋本、正德本。

二六 **袒**音但。**飾謂之直衿。** ●「衿」與「領」古通用，俗本誤作「衿」，戴据廣雅改正。

注 婦人初嫁所著上衣，直衿也。● 宋本無「所著上」三字，玉篇有。又「音但」二字，各本在注末，宋本亦無。

二七 褎明謂之袍。注 廣雅云：「褎明，長襦也。」

二八 繞衿謂之帬。注 俗人呼接下，江東通言下裳。●「衿」，舊亦誤作「衿」，据廣雅改正。

二九 懸裺音掩。謂之緣。注 衣縫緣也。

三〇 絜襦謂之蔽厀。注 廣異名也。

三一 裪𧝎音橘。謂之袖。注 衣褾，江東呼䘾。音婉。

三二 帍 ● 音户。 裱方廟反。謂之被巾。注 婦人領巾也。

三三　**繞緍**音循。**謂之襪裺。**注衣督脊也。

三四　**厲謂之帶。**注小爾雅曰：「帶之垂者爲厲。」

三五　**襎裷**煩、冤兩音。**謂之幭。**亡别反。注即帊幞也。

三六　**緊袼謂之襤。**翳、洛、漚三音。●案，曹憲音廣雅「緊」烏雞反、「襤」烏苟反，正德本「漚」作「嘔」。今從宋本。注即小兒次衣也。●案，「次」即「涎」字，舊本誤作「次」，今從戴本改正。

三七　**楚謂無緣之衣曰襤，紩衣謂之褸，秦謂之緻。自關而西秦晉之間無緣之衣謂之統裾。**注嫌上説有未了，故復分明之。

三八　**複襦，江湘之間謂之襩，**音竪。**或謂之筩褹。**注今筩袖之襦也。「褹」即「袂」字耳。

三九　大袴謂之倒頓，注今雹袴也。小袴謂之校衧。皎、了兩音。注今襏袴也。楚通語也。

四〇　幏，●莫紅反。巾也。注巾主覆者，故名幏也。大巾謂之帉。音芬。嵩嶽之南注嵩，高。中岳山也，今在河南陽城縣。陳潁之閒謂之帤，奴豬反。亦謂之幏。注江東通呼巾帉耳。

四一　絡頭、帞頭也、音貊。紗繢、鬢帶、羌位反。髮帶、音菜。帑、音縉，亦千。●宋本「縉」作「績」。幧，於怯反。●俗本作「於法反」，誤。今從宋本、正德本改。幧頭也。●「幧」音「綃」。自關以西秦晉之郊曰絡頭；南楚江湘之閒曰帞頭；自河以北趙魏之閒曰幧頭，或謂之帑，或謂之幧。其偏者謂之鬢帶，注今之偏疊幧頭也。●正文「偏」，舊本誤作「遍」，今案文改正[一]。或謂之髮帶。注髮亦結也。覆結謂之幘巾，或謂之承露，●宋本「承」上無「之」字。或謂之覆髮。注今結籠是也。皆趙魏之閒通語也。

〔一〕「文」下有脱文，當補「意」或「例」字。

四二　屝、屨、麤，履也。徐兖之郊謂之屝，音翡。自關而西謂之屨。中有木者謂之複舄，自關而東複履。●「複履」上，舊挍增「謂之」二字，俟考。其庳者謂之靸下，音婉。禪者謂之鞮，注今韋鞮也。絲作之者謂之履，麻作之者謂之不借，粗者謂之屦。他回反，字或作「屦」，音同。●此「粗」字，宋本、正德本皆同。「屦」，俗本與下文竝作「屦」，誤。今從宋本改正。音舊在下文，戴本因改此「屦」字作「屨」，恐未是。東北朝鮮洌水之閒謂之鞇角。音印。●「印」即「仰」字。南楚江沔之閒總謂之麤。注沔水，今在襄陽。西南梁益之閒或謂之屦，或謂之𡱝。平瓦反，一音畫。●案，「𡱝」舊本從户作「扆」，與「履、屨」等字異，誤也。今從廣雅改正。「平瓦」，正德以下本作「下瓦」。履，其通語也。徐土邳沂音祁。之閒，注今下邳也。大麤謂之鞇角。注今漆履有齒者。

四三　緉、音兩。緛，音爽。絞也。音校。注謂履中絞也。關之東西或謂之緉，或謂之緛。絞，通語也。

四四　纑謂之縝。音振。注謂纑縷也。

輶軒使者絶代語釋別國方言第五

一　**鍑**，音富。注 釜屬也。**北燕朝鮮洌水之閒或謂之錪**，音腆。**或謂之鉼**；音餅。**江淮陳楚之閒謂之錡**，音技。注 或曰三脚釜也。**或謂之鏤**；**吴揚之閒謂之鬲**。音歷。**釜，自關而西或謂之釜，或謂之鍑**。注 鍑亦釜之總名。● 舊本「謂之鬲」止爲一段，下「釜」字別提行。今案，「釜」下即云「自關而西或謂之釜」，與前後文例殊不類。正德本亦覺其未安，移「或謂之鍑」并注於「或謂之釜」之上，亦未是。自當連上爲一條，而以上一「釜」字爲衍文。若以「謂之鬲釜」爲句，於佗書未有左證。未敢輒定。

二　**甑，自關而東謂之甗**，音言。● 案，説文：「从瓦，鬳聲。讀若言。」魚蹇切。**或謂之鬵**，音岑。● 案，説文：「讀若岑。」才林切。注 梁州呼鉹。● 爾雅注作「涼州」，疏從之。案，博古圖録凡兩引皆作「梁」，古書中「梁、涼」互異者多矣，各從其舊可也。鉹，尺氏反。**或謂之酢**● 才故反。**鎦**。屋霤。●「鎦」，俗本多從金旁作，誤。今從正德本。

三　盓，音亐。●「亐」，即「于」字。宋楚魏之間或謂之盌。烏管反。盌謂之盓，或謂之銚銳。謡語。●案，此「謡語」，後卷十三作「謡音」。盌謂之櫂。●案，楊倞注荀子正論篇「魯人以榶」引方言「盌謂之榶」，今此條無「榶」字，廣雅亦有「櫂」無「榶」。盓謂之柯。注轉相釋者，廣異語也。海岱東齊北燕之間或謂之𥁸。書卷。●太平御覽引作「捲」，丁公著孟子音亦同。

四　盄、音雅。槭、封緘。盞、酒醆。温、薄淹反。閜、呼雅反。盪、又章反。●案，舊本作「音章」，誤。今從廣雅曹憲音。𥂕，音摩。桮也。秦晉之郊謂之盄；注所謂伯盄者也。●案，「盄」亦作「雅」。伯雅、仲雅、季雅謂之三雅，見典論。自關而東趙魏之間曰槭，或曰盞，注最小桮也。或曰温。其大者謂之閜。吳越之間曰盪，齊右平原以東或謂之𥂕。桮，其通語也。

五　蠡，音麗。●案，即「蠡」字，音禮。注瓠勺也。陳楚宋魏之間或謂之簞，或謂之㰒，音羲。注今江東通呼勺爲㰒。或謂之瓢。

六　案，陳楚宋魏之間謂之槁，自關東西謂之案。

七　桮落，注盛桮器籠也。陳楚宋衛之閒謂之桮落，又謂之豆筥；自關東西謂之桮落。

八　箸篇，注盛朼箸籫也。●「朼」即「匕」字。籫，作管反。陳楚宋衛之閒謂之筲，鞭鞘。●「衛」，各本俱作「魏」，今從宋本。或謂之籯；音盈。注漢書曰：「遺子黄金滿籯。」自關而西謂之桶檧。注今俗亦通呼小籠爲桶檧。音籠冠。檧，蘇勇反。或作篅。●案，音有舛錯。「音籠冠」三字未詳。「或作篅」三字當在「桶」字下。廣雅音：「桶，天孔反。」「檧，音忽。」廣韻：「蘇公切，又先孔切。」字或作「檧」。

九　瓬、音岡。㼜、都感反，亦音沈。甒、音舞。䍃、音由。甄、音鄭。甇、胙江反。●案，爾雅疏作「仕江反」，廣雅亦作「士江」。爾雅疏内，餘音皆與此同。甀、度睡反。●俗本「睡」作「腄」，今從宋本。瓮、●「甕」同。瓿甊、瓿，音部。甊，洛口反。㼾，牛志反。甖於庚反。也。●舊本脱「也」字，今補。靈桂之郊謂之瓬。注今江東通名大瓮爲瓬。其小者謂之㼜，周魏之閒謂之甒，注今江東亦呼甖爲甒子。秦之舊都謂之甄，淮汝之閒謂之䍃，江湘之閒謂之甇。自關而西晉之舊都河汾之閒注汾水，出太原，經絳北，西南入河。其大者謂之甀，其中者謂之瓿甊。自關而東趙魏之郊謂之瓮，或謂之甖；東齊海岱之閒謂之甊。甖，其通語也。

一〇　罃，●説文：「罌，缶也。」「罃，備火長頸缾也。」此亦與上條别。陳魏宋楚之閒曰甋，音臾。或曰瓶；音殊。燕之東北朝鮮洌水之閒謂之瓺；音暢，亦腸。齊之東北海岱之閒謂之儋；音儋荷，字或作甔。●案，後漢書注、爾雅疏俱引作「甔」。注所謂「家無儋石之儲」也。●「家無儋石之儲」，見漢書揚雄傳。舊本「儲」作「餘」，誤。章懷注後漢書明帝紀引此注，「儲」下多一「者」字。周洛韓鄭之閒謂之甀，或謂之罃。

一一　罃謂之甈。鼓鼙。

一二　甕●「甕」同，烏貢反。謂之甖。●廣雅「音斯」。

一三　缶謂之瓿甊，音偶。注即盆也。其小者謂之瓶罃。●舊本「罃」字在下條之首，誤。案，昌黎詩「瓶大缾罌小，所任自有宜」，「缾罌」即此「瓶罃」也，今据改正。

一四　**甀**郄罽反。●案，説文「魚列切」。**謂之盎。**烏浪反。注案爾雅：「甀，康壺。」而方言以爲盆，未詳也。●案，注「盆」下疑脱「盎」字。**自關而西或謂之盆，或謂之盎；其小者謂之升。**

一五　**甂**、惡牟反，亦音憂。●舊本「甂」字誤在上條之末。案，廣雅云：「瓯、甂，甂也。」自當别爲條，今改正。**甂，**音邊。**陳魏宋楚之閒謂之瓯；**杜啟反。注今河北人呼小盆爲瓯子。**自關而西謂之甂，其大者謂之甂。**

一六　**所以注斛，**●俗本「所以」上空五字，郎本以「篙注箕籮皆」五字補其闕，皆非也，宋本竝無闕文。注盛米穀寫斛中者也。●正德本無「也」字。案，此但釋「注斛」，未出器名，當去「者」字，留「也」字。**陳魏宋楚之閒謂之篙，**音巫覡。注今江東亦呼爲篙。**自關而西謂之注。箕，**●「箕」字當提行，觀下又舉「陳魏宋楚」可見。**陳魏宋楚之閒謂之籮。**注篙亦籮屬也，形小而高，無耳。

一七　**炊䉛**●於六反。**謂之縮，**注漉米䉛也。**或謂之篗，**音藪。**或謂之匠。**音旋。注江東呼浙籤。

一八　篝，注今薰籠也。陳楚宋魏之間謂之牆居。

一九　扇，自關而東謂之箑，音篓。注今江東亦通名扇爲箑。●「箑」亦作「翣」。自關而西謂之扇。

二〇　碓機，注碓梢也。陳魏宋楚自關而東謂之梴。音延。磑或謂之䃔。錯碓反。注即磨也。

二一　繘，音橘。注汲水索也。自關而東周洛韓魏之間謂之綆，或謂之絡；音洛。關西謂之繘。●俗本句末有「綆」字。戴案：易釋文及左氏傳襄九年正義所引皆無之，有者衍也。

二二　櫪，注養馬器也。梁宋齊楚北燕之間或謂之樎，音縮。或謂之皁。注皁隸之名，於此乎出。

二三　飤馬橐，●「飤」，古「飼」字，舊本誤作「飲」。案，玉篇云：「篼，飼馬器也。」今定作「飤」。自關而西謂之裺囊，音鷂。或謂之裺篼，●音兜。或謂之樓篼；音樓。燕齊之間謂之帪。廣雅作振，字音同耳。●案，今廣雅亦作「帪」。

二四　鉤，注懸物者。宋楚陳魏之間謂之鹿觡，注或呼鹿角。或謂之鉤格；自關而西謂之鉤，或謂之鑯。音微。

二五　鍫，●舊本皆作「臿」。案，下「斛」字郭云：「此亦鍫聲轉也。」下「鍫」字又兩見，若上不出「鍫」字，則文無所承。正字通引方言云：「鍫，江淮南楚閒謂之臿。」此書雖出近世，亦必有所本，今改從之。七消反。燕之東北朝鮮洌水之間謂之斛；湯料反。此亦鍫聲轉也。宋魏之間謂之鏵，●互瓜反。說文作「芣」。或謂之鍏；音韋。江淮南楚之間謂之臿；沅湘之間謂之畚；趙魏之間謂之喿；字亦作鍫也。●玉篇作「鍒」，同「鍫」。東齊謂之梩。音駭。注江東又呼鍫刃爲鐅。普蔑反。

二六　杷，注無齒爲朳。●「朳」，音八，本亦作「捌」。注上或增「有齒爲杷」四字，見顔師古注急就篇，此不當有。宋魏之間謂之渠挐，諾豬反。注今江東名亦然。或謂之渠疏。注語轉也。

二七　僉，注今連枷，所以打穀者。宋魏之間謂之攝●時葉反。殳，音殊。注亦杖名也。或謂之度；音量度也。注今江東呼打爲度。●今語猶然。自關而西謂之棓，蒲項反。或謂之柫；音拂。齊楚江淮之間謂之柍，音悵怏，亦音爲車鞅。注此皆打之別名也。或謂之桲。音勃。

二八　刈鉤，江淮陳楚之間謂之鉊，音昭。或謂之鐹；音果。自關而西或謂之鉤，或謂之鐮，或謂之鍥。音結。

二九　薄，宋魏陳楚江淮之間謂之苗，或謂之麴；注此直語楚聲轉也。●「聲轉也」，俗本作「轉聲耳」，今從宋本、正德本改正。自關而西謂之薄，南楚謂之蓬薄。●「薄、苗」從艸，與說文同，廣雅、玉篇俱轉而從竹。

三〇　橛，燕之東北朝鮮洌水之閒謂之椴。音段。注 楬杙也，江東呼都。

三一　槌，度畏反。注 縣蠶薄柱也。宋魏陳楚江淮之閒謂之植，音值。自關而西謂之槌，齊謂之样。音陽。其横，關西曰㭨，音朕。注 亦名校。音交。宋魏陳楚江淮之閒謂之㯰，音帶。齊部謂之持。丁革反。● 案，「持」從木，特省聲。舊本作「丁謹反」，誤。今從戴本改正。所以縣㯰，關西謂之綸，力冉反。東齊海岱之閒謂之繏，相卷反。● 案，俗本誤作「纚，相主反」，今從宋本改正，與廣雅、玉篇皆合。曹憲音「繏，思絹反」。宋魏陳楚江淮之閒謂之繯，擐甲。或謂之環。擐。● 案，「擐」字不可曉，豈校書者以「環」本亦有作「擐」字者耶?「擐」音旋，若作「環」音，可不須此字。宋本同上，作「擐甲」之「擐」，正德本無此字。

三二　篝，宋魏之閒謂之笙，注 今江東通言笙。或謂之籧苗；自關而西謂之篝，或謂之笳。注 今云笳篾篷也。● 宋本、正德本「篷」皆作「蓬」。其粗者謂之籧篨。●「粗」字從宋本、正德本，今或作「麤」，或作「麄」，皆非。自關而東或謂之篕● 音盍。棪。音剡。● 案，廣雅作「篾」。注 江東呼籧篨爲廢。音廢。● 今呼蘆廢。

三三　**符篖，**注似籧篨，直文而粗。江東呼笪。音靼。**自關而東周洛楚魏之閒謂之倚佯，**音羊。**自關而西謂之符篖，南楚之外謂之篖。**

三四　**牀，齊魯之閒謂之簀，**音迮。●即「簀」字。注牀版也。**陳楚之閒或謂之第。**音滓，又音姊。**其杠，北燕朝鮮之閒謂之樹，自關而西秦晉之閒謂之杠，南楚之閒謂之趙，**注「趙」當作「兆」，聲之轉也。中國亦呼杠爲桃牀，皆通也。●「趙」，廣雅作「𠁥」。注「皆通」下疑脱「語」字。**東齊海岱之閒謂之樺。**音詵。●俗本誤作「樺，音先」，今据宋本改正，與徐堅初學記所引正相合。**其上板，衞之北郊趙魏之閒謂之牒，**簡牒。**或曰牖。**履屬。●案，説文：「牖，牀版也。讀若邊。方田切。」此云「履屬」，恐誤。

三五　**俎几也。西南蜀漢之郊曰杫。**音賜。**榻前几，江沔之閒曰桯，**音刑。注今江東呼爲承。**趙魏之閒謂之椸。**音易。**几，**●案，廣雅「椸」作「㢸」，曹憲音尸賜反。「几」，舊誤作「凡」，今從戴本。**其高者謂之虡。**音巨。注即筍虡也。●高几名「虡」，未必即縣樂器者。

三六　篗，●曹憲音「于縛、榮碧」兩反。 榬音爰。也。注所以絡絲者。●舊本作「也」，誤。兖豫河濟之閒謂之榬。 絡謂之格。注所以轉篗絡車也。

三七　繀車，蘇對反。趙魏之閒謂之轣轆車，東齊海岱之閒謂之道軌。

三八　户鑰，自關而東陳楚之閒謂之鍵，巨蹇反。自關而西謂之鑰。

三九　簙謂之蔽，或謂之箘；音困。秦晉之閒謂之簙；吴楚之閒或謂之蔽，或謂之箭裏，注簙箸，一名箭，廣雅云。●舊本「箸」誤作「著」，脱「一」字。案，廣雅：「簙箸謂之箭。」今据訂正。或謂之簙毒，或謂之夗專，夗，於辯反。專，音轉。或謂之匴璇，銓、旋兩音。注或曰竹器，所以整頓簙者。或謂之棊。所以投簙謂之枰，評論。或謂之廣平。所以行棊謂之局，或謂之曲道。圍棊謂之弈，自關而東齊魯之閒皆謂之弈。

輶軒使者絶代語釋別國方言第六

一　聳、山項反。●卷十三内「聳」字音同。舊本作「山頂反」，誤。今從戴本改正。⿰丬矦，●舊本誤作「⿰丬殳」，戴据説文改正。本亦作「獎」，即兩反。欲也。注皆强欲也。●案，以我所欲，强人之我從，則曰聳、曰獎，今人語猶然。荆吴之間曰聳，晉趙曰⿰丬矦。自關而西秦晉之間相勸曰聳，或曰⿰丬矦。中心不欲而由旁人之勸語亦曰聳。●案，此又一義，故曰「亦」。凡相被飾亦曰⿰丬矦。

二　聳、䏿，音宰。聾也。半聾，梁益之閒謂之䏿。注言胎䏿煩憒也。秦晉之閒聽而不聰、聞而不達謂之䏿。生而聾，陳楚江淮之閒謂之聳。注言無所聞常聳耳也。荆揚之閒及山之東西雙聾者謂之聳。聾之甚者，秦晉之閒謂之闕。五刮反。●案，説文「五滑切」。注言聉無所聞知也。外傳：「聾聵司火。」音蒯聵。●案，「音聵」讀如「蒯聵」之「聵」也。宋本「聉」誤作「耻」，正德本不誤，説文「聉」，主滑切。又宋本「司火」作「伺火」，亦誤，今從外傳改正。吴楚之外郊凡無有耳者亦謂之䀝。其言聠者，若秦晉中土謂墮耳者明也。五刮反。●俗本「明」誤作「眀」。案，説文：「眀，墮耳也。」魚厥切。今据改正。

三　陂、偏頗。傜，逍遥。袤也。陳楚荆揚曰陂。自山而西凡物細大不純者謂之傜。注言俄傜也。●「俄」字俗本脱，宋本有「娥」字。案，廣雅：「俄，袤也。」定作「俄」字。

四　由迪，正也。東齊青徐之閒相正謂之由迪。

五　㥦、音腆。𢙣，人力反，又女六反。慙也。荆揚青徐之閒曰㥦，若梁益秦晉之閒言心内慙矣。山之東西自愧曰𢙣，注小爾雅曰：「心愧爲𢙣。」●案，本作「心慙曰𢙣」。趙魏之閒謂之䀝[一]。音密，亦祕。

六　謇，音蹇。展，難也。齊晉曰謇。山之東西凡難貌曰展。荆吴之人相難謂之展，若

[一] 䀝：匯函本同。當從目作「眲」。

秦晉之言相憚矣。齊魯曰燀。昌羨反。注難而雄也。●案，注似有訛。

七　**胥、由，輔也。**注胥，相也；由，正。皆謂輔持也。**吴越曰胥，燕之北鄙曰由。**

八　**蛩烘，**鞏、恭兩音。**戰慄也。荆吴曰蛩烘。蛩烘，又恐也。**

九　**鈍、**吐本反。**錘，**直睡反。**重也。東齊之間曰鈍，宋魯曰錘。**

一〇　**鋡、**音含。**龕，**●「龕」，音堪，從龍，從今聲。俗本上作「合」，訛。今從九經字樣改正。**受也。**注今云龕囊，依此名也。**齊楚曰鋡，揚越曰龕。受，盛也。猶秦晉言容盛也。**

一一　**矔、**慣習。**瞷，**侹侗。●案，説文「瞷」，徒弄切。此當依卷十二内音「挺挏」。漢書百官公卿表：「更名家馬爲挏馬。」晉灼曰：「挏，音挺挏。」顔氏家訓勉學篇引漢禮樂志云：「『給太官挏馬酒。』李奇注：『以馬乳爲酒也，撞挏乃成。』二字竝從手。」撞，都孔反；挏，達孔反。此謂撞擣挺挏之，据此則作「挺挏」爲是。**轉目也。梁益之間瞋目曰矔，轉目顧視亦曰矔；吴楚**

曰眮。

一二　逴、勑略反。騷、先牢反。䠇，●丑孝反，亦作「踔」。蹇也。注跛者行跳踔也。吳楚偏蹇曰騷，齊楚晉曰逴。注行略逴也。

一三　㾷、音斯。嗌，惡介反。噎音翳。也。注皆謂咽痛也。楚曰㾷；秦晉或曰嗌，又曰噎。

一四　怠、陁，音蟲豸。●舊本此下有「未詳」二字，今删。壞也。注謂壞落也。

一五　埕、音涅。墊，丁念反。下也。凡柱而下曰埕，屋而下曰墊。

一六　伆、音刎。邈，離也。注謂乖離也。楚謂之越，或謂之遠；吳越曰伆。

一七　顛、頂，上也。

一八　誣，●宋本作「誣」，下竝同。俗本多作「誣」，今從説文爲正。諂乙劒反。●戴本從玉篇「於劒反」。与，●古「與」字，廣雅作「予」。戴云：「與，讀若譽。」也。吳越曰誣；荆齊曰諂与，猶秦晉言阿与。注相阿与者，所以致誣諂也。●戴云：「『諂與』猶『阿與』，一聲之轉耳。凡無實而虛加者皆爲誣，郭注似又轉一義。」

一九　掩、索，●音色。取也。自關而東曰掩；自關而西曰索，或曰狙。注狙伺也。●俗本正文誤作「狚」，并脱注，今据宋本補正。戴本因卷十「抯，取也」「抯」下注「相梨」二字，遂移改此文，不知狙伺而取與掩取義正合，不當以彼易此，今不從。

二〇　暥、烏拔反。●亦作䁙。略，音略。視也。東齊曰暥，吳揚曰略。注今中國亦云目略也。●注「目略」，郎本作「暥略」，胡本作「目暥」，吳本「目」下闕，今從宋本。凡以目相戲曰暥。

二一　遥、廣，遠也。梁楚曰遥。

二二　汩、于筆反。遥，●玉篇作「遙」字，同。疾行也。注汩汩，急貌也。南楚之外曰汩，或曰遥。

二三　蹇、妯，音迪。擾●古「擾」字。也。注謂躁擾也。人不静曰妯，秦晉曰蹇，齊宋曰妯。

二四　絓、音乖。挈、口八反。㒓、古煢字。介，特也。楚曰㒓，晉曰絓，秦曰挈。物無耦曰特，獸無耦曰介。注傳曰：「逢澤有介麋。」

二五　飛鳥曰雙，鴈曰椉。●此條從宋本提行，不承「無耦」之文爲是。「椉」，古「乘」字。李善注解嘲引作「四鴈曰乘」。

二六　台、既，失也。魯宋之閒曰台。

二七　既、隱、據，定也。●「既」，已然也，「隱、據」皆安也，故義又皆爲定。

二八　稟、●廣雅作「懍」。浚，敬也。秦晉之間曰稟，齊曰浚。吴楚之間自敬曰稟。

二九　悛、音銓。懌，音奕。改也。自山而東或曰悛，或曰懌。注論語曰：「悦而不懌。」

三〇　坻、水泜。坥，癰疽。場音傷。也。梁宋之間蚍蜉䵃鼠之場●「䵃」與「犁」同，舊本誤作「犂」，今從説文。謂之坻，注䵃鼠，蚡鼠也。●蚡鼠，即鼢鼠。螾音引。場謂之坥。注螾，蛐蟮也，其糞名坥。●「蛐」，舊本作「蟥」，誤。今從宋本。

三一　徥、度指反。●俗本「指」作「指」，今從宋本。説文是支切，説見卷二内。用，行也。注徥偕，行皃。●注「偕」，舊本作「皆」，今亦依卷二注改正。朝鮮洌水之間或曰徥。

三二　鋪音敷。頒，索也。東齊曰鋪頒，猶秦晉言抖藪也。注謂斗藪舉索物也。

三三　參、蠡，音麗。分也。注謂分割也。齊曰參，楚曰蠡，秦晉曰離。

三四　**㽋、**●説文先稽切，宋本作「廝」，下同。「廝」雖有離析之義，今言聲變，自當作「㽋」爲是。**披，散也。東齊聲散曰㽋，器破曰披。秦晉聲變曰㽋；器破而不殊，**句。**其音亦謂之㽋；器破而未離謂之璺。**音問。**南楚之閒謂之敀。**妨美反，一音圯塞。●舊本「圯」誤作「把」，今從宋本改正。

三五　**緍、**音旻。**緜，施也。秦曰緍，趙曰緜。吴越之閒脱衣相被謂之緍緜。**注相覆及之名也。

三六　**悀、**音踊。**偪，**妨逼反。●俗本作「偪」，今從宋本。**滿也。凡以器盛而滿謂之悀，**注言涌出也。**腹滿曰偪。**注言勑偪也。

三七　**傒醯、**醯酢。**冉鎌，**冉，音髯。●「鎌」，宋本作「鐮」，下同。今案，二字本同。**危也。東齊掎物而危謂之傒醯，**掎，居枝反。●俗本作「椅」，戴氏据玉篇改。**偽物謂之冉鎌。**

三八　**紕、**音毗。**繹、**音亦。**督、雉，理也。秦晉之閒曰紕。凡物曰督之，**注言正理也。

絲曰繹之。注言解繹也。

三九　弞、古矧字。吕，長也。東齊曰弞，宋魯曰吕。

四〇　躧、膂，力也。東齊曰躧，注律躧，多力皃。宋魯曰膂。膂，田力也。注謂耕墾也。●下「膂」字，戴疑「墾」。俗本「田」誤作「由」，今從宋本。

四一　瘱、瘱埋。又翳。●「瘱埋」，俗本作「埋也」，誤。諦，瓜蔕。●與「諦」同。審也。齊楚曰瘱，秦晉曰諦。

四二　譩音翳。諦，亦音蔕。諟音帝。也。注諟亦審，互見其義耳。●注舊作「亦審諟」，今從丁校改轉。吴越曰譩諦。

四三　揞、烏感反。揜、錯、音酢。摩，藏也。●「藏」，各本作「減」，誤。戴氏以廣雅、玉篇、廣韻校改。荆楚曰揞，吴揚曰揜，周秦曰錯，陳之東鄙曰摩。

四四　抾摸，去也。●案，荀子榮辱篇：「胠於沙而思水。」楊倞注引方言：「祛，去也。」從衣，似「胠、祛」可通用。齊趙之總語也。抾摸猶言持去也。

四五　舒勃，展也。東齊之閒凡展物謂之舒勃。

四六　摳揄，旋也。秦晉凡物樹稼早成熟謂之旋，燕齊之閒謂之摳揄。

四七　絙、罔鄧反。●與「緪、亙」同。戴本作「緪」，本說文。筳，湯丁反。竟也。秦晉或曰絙，或曰竟；楚曰筳。

四八　𦆽、音剡。●俗本作「擱」，今据玉篇改正。剿，音妾。續也。秦晉續折謂之𦆽，繩索謂之剿。

四九　擘，音檗。楚謂之紉。注今亦以綫貫針爲紉。音刃。

五〇　闓苦，●各本皆作「笘」，宋本下一字作「苦」。案，廣雅作「苦」。「苦」之訓開，佗書未見。竊疑皆當作「苦」字。「苦、蓋」雖皆所以覆屋，而「蓋」亦可以爲户扇，見荀子宥坐篇「九蓋皆繼」楊倞注。又案，説文：「蓋，苦也。」周禮夏官圉師：「茨牆則翦闔。」康成注：「闔，苦也。」然則「苦」與「蓋、闔」義皆同，而轉爲「開」，字固有反覆相訓者，此亦然也。**開也。東齊開户謂之闓苦，**●卷十三：「闓，開也。」注：「謂開門也。」**楚謂之闓。**注亦開字也。

五一　杼、柚，作也。東齊土作謂之杼，木作謂之柚。●今杭人尚有「泥作、木作」語。

五二　厲、卬，●廣雅「卬」作「印」，曹憲音於信反。然「卬」之訓「爲」，佗書亦未見。案，「卬」與「昂」通，有激厲之意，與「爲」訓相近，故不從廣雅易此文。**爲也。**注爾雅曰：「俶、厲，作。」作亦爲也。●案，「厲」訓「作」，見釋詁；「作」訓「爲」，見釋言。**甌越曰卬，吴曰厲。**

五三　戲、憚，怒也。齊曰戲，楚曰憚。

五四　**爰、暖，**●曹憲音呼館、虎元二反，玉篇虚元反。**恚也。**注謂悲恚也。**楚曰爰，秦晉曰暖，皆不欲譍而强畣之意也。**

五五　**傻、艾，長老也。東齊魯衛之閒凡尊老謂之傻，或謂之艾；**注禮記曰："五十爲艾。"**周晉秦隴謂之公，或謂之翁；南楚謂之父，或謂之父老。南楚瀑洭**暴、匡兩音。**之閒**注洭水在桂陽。**母謂之媓，謂婦妣曰母姼，**音多。**稱婦考曰父姼。**注古者通以考妣爲生存之稱。

五六　**巍、嶢、崝、嶮，高也。**注嶕嶢、崝嶸，皆高峻之皃也。●案，"崝嵤"即"崢嶸"。各本脱"皆"字，宋本有。

五七　**猒、塞，安也。**注物足則定。●廣雅："懕、𡫳，安也。"曹憲音："懕，一占反。"案，"𡫳"與"塞"同。

五八　**倰、**音淩。**㥢，**亡主反。**憐也。**

五九　掩、翳，薆音愛。**也。**注謂蔽薆也。詩曰：「薆而不見。」

六〇　佚惕，跌、唐兩音。**緩也。**●案，「佚惕」與「佚蕩、佚傷、劮婸、跌宕」皆同。漢書揚雄傳云：「爲人簡易佚蕩。」張晏曰：「佚，音鐵；蕩，音讜。」晉灼曰：「佚蕩，緩也。」正本此。又蕭該云：「蕩亦作傷。」韋昭音佚爲替，傷爲黨。」又李善注江淹恨賦引揚雄傳作「跌宕」。廣雅：「劮婸，婬也。」「婬」乃「緩」字之誤，或張揖自以意改之，正不當以方言爲誤。戴本遽從廣雅改此文，作「劮婸，婬也」，不考之漢書注，非是，今不從。

輶軒使者絶代語釋别國方言第七

一　諄憎，所疾也。諄，之潤反。宋魯凡相惡謂之諄憎，若秦晉言可惡矣。●楊倞注荀子哀公篇引作「齊魯凡相疾惡謂之諄憎」，韻會同。

二　杜、蹻，音笑噱。●俗本「噱」誤作「謔」，今從宋本。翌也。趙曰杜，注今俗語通言翌如杜。杜棃子翌，因名之。山之東西或曰蹻。注郄蹻，燥翌皃。●「郄」字與「郤」同，音隙。或改作「卻」，非也，「卻」乃「却」字。

三　佻，丁小反。抗，縣也。趙魏之閒曰佻，自山之東西曰抗。燕趙之郊縣物於臺之上謂之佻。注了佻，縣物皃。●俗本脱「皃」字，宋本有。

四　發、税，舍車也。舍，宜音寫。●案，「寫」即「卸」也，音義同。東齊海岱之閒謂之發，宋趙陳魏之閒謂之税。注税猶脱也。注今通言發寫也。

五　肖、類，法也。齊曰類，西楚梁益之間曰肖。秦晉之西鄙自冀隴而西注冀縣，今在天水。使犬曰哨。音騷。●案，玉篇引作「嗾」，素口反。西南梁益之間凡言相類者亦謂之肖。注肖者，似也。

六　憎、懹，●廣雅曹憲音人尚反。憚也。注相畏憚也。陳曰懹。

七　譙、字或作誚。讙，火袁反。讓也。齊楚宋衞荆陳之間曰譙。自關而西秦晉之間凡言相責讓曰譙讓，北燕曰讙。

八　僉、胥，皆也。自山而東五國之郊曰僉，注六國唯秦在山西。東齊曰胥。

九　侔莫，强也。●廣雅「侔」作「劺」，同。曹憲音「强」巨兩反。下同。北燕之外郊凡勞而相勉若言努力者謂之侔莫。

一〇 **㑋**音卭竹。**傱**，●相容反，見三卷。**罵也。**注羸小可憎之名也。**燕之北郊曰㑋傱。**●案，今罵人以二字合讀。

一一 **展、惇，信也。東齊海岱之閒曰展，燕曰惇。**注惇亦誠信皃。●戴云：「『信』兼屈信、誠信兩義，故注言『亦』以别之。李善注揚雄長楊賦引方言『展，申也』即此。」

一二 **斯、掬，離也。齊陳曰斯，燕之外郊朝鮮洌水之閒曰掬。**●案，「掬」無離義，疑當作「播」。「播」古文作「𥻤」，形近致誤。

一三 **蝎、**音曷。**噬，**卜筮。**逮也。**●案，爾雅釋言作「遏、遾，逮也」。**東齊曰蝎，北燕曰噬。逮，通語也。**

一四 **皮傅、**●案，即「傅」字，猶敷之或作「尃」也，音附。「皮傅」見後漢書張衡傳。**彈**●廣雅作「憚」，同。**憸，**音斂。**强也。**注謂强語也。**秦晉言非其事謂之皮傅，東齊陳宋江淮之閒曰彈憸。**

一五　膊、音膊脯。●舊本又出「普博反」三字，今刪。曬、霜智反。晞，暴也。東齊及秦之西鄙言相暴僇爲膊。注暴僇，謂相暴磔惡事。燕之外郊朝鮮洌水之閒凡暴肉、發人之私、披牛羊之五藏謂之膊。暴五穀之類，秦晉之閒謂之曬，東齊北燕海岱之郊謂之晞。

一六　熬、焣、即𩰲字也。創眇反。煎、㷄、皮力反。鞏，拱手。●廣雅作「焪」，曹憲音「穹去聲」，應即「鞏」聲微轉耳。火乾也。凡以火而乾五穀之類，自山而東齊楚以往謂之熬，關西隴冀以往謂之㷄，秦晉之閒或謂之焣。凡有汁而乾謂之煎，東齊謂之鞏。

一七　胹、而。●李善注枚乘七發引作「臑」，同。飪、荏。亯、●即「亨」字，音烹，廣雅作「亯」。爛、糦、熾。酋、囚。酷，●廣雅作「焅」。熟也。自關而西秦晉之郊曰胹，徐揚之閒曰飪，嵩嶽以南陳潁之閒曰亯。自河以北趙魏之閒火熟曰爛，氣熟曰糦，久熟曰酋，穀熟曰酷。熟，其通語也。

一八　嫢盈，嫢，上已音。●案，「嫢」見卷二，羌箠反，各本誤作「魏」。案，玉篇云：「嫢，盛貌。」「㥽」之爲盛，猶「馮」之爲滿，皆盛怒意。廣雅作「䫉」，亦誤。**怒也。燕之外郊朝鮮洌水之閒凡言呵叱者謂之㥽盈。**

一九 **跜跿、**音務。**隑企，**欺豉切。●音未詳。前後作「反」，此作「切」，疑有誤。**立也。東齊海岱北燕之郊跪謂之跜跿，**注今東郡人亦呼長跽爲跜跿。**委痿謂之隑企。**注腳躄不能行也。

二〇 **瀧**音籠。**涿謂之霑漬。**注瀧涿猶瀨滯也。

二一 **希、鑠，摩也。燕齊摩鋁**音慮。**謂之希。**

二二 **平均，賦也。燕之北鄙東齊北郊凡相賦斂謂之平均。**

二三 **羅謂之離，離謂之羅。**注皆行列物也。

二四 釗、超，遠也。釗，上已音。●見卷一。燕之北郊曰釗，東齊曰超。

二五 漢漫、●廣雅作「僴」。賑音瞋恚。眩，音懸。懣也。朝鮮洌水之間煩懣謂之漢漫，顛眴謂之賑眩。

二六 憐職，愛也。言相愛憐者，吴越之間謂之憐職。

二七 茹，音勝如。●未詳。食也。吴越之間凡貪飲食者謂之茹。注今俗呼能粗食者爲茹。

二八 竘、恪垢反。貌，治也。注謂治作也。吴越飾貌爲竘，或謂之巧。注語楚聲轉耳。

二九 煦州吁。煆，呼夏反。熱也，乾也。注熱則乾燥。●舊本作「熮」，俗「燥」字。吴越曰煦煆。

三〇　攍、音盈。●本亦作「贏」，後漢書鄧禹傳注引。儋、賀、●「荷、何」皆通用，廣雅作「何」。𦝫，音鄧。儋也。注今江東呼擔兩頭有物爲𦝫。齊楚陳宋之間曰攍；注莊子曰：「攍糧而赴之。」燕之外郊、越之垂甌、吴之外鄙謂之儋；注擔者用儋力，因名云。南楚或謂之攍；自關而西隴冀以往謂之賀，注今江東語亦然。凡以驢馬馲駝載物者謂之負佗，音大。●案，今作「馱」字。亦謂之賀。

三一　樹植，立也。燕之外郊朝鮮洌水之間凡言置立者謂之樹植。

三二　過度●本亦作「渡」。謂之涉濟。注猶今云濟度。

三三　福祿謂之祓戩。廢、箭兩音。

三四　傺、音祭。眙，敕吏反。逗也。注逗即今「住」字也。南楚謂之傺，西秦謂之眙。注眙，謂住視也。西秦，酒泉、燉煌、張掖是也。逗，其通語也。

輶軒使者絶代語釋别國方言第八

一　**虎，陳魏宋楚之閒或謂之李父；江淮南楚之閒謂之李耳，**注虎食物值耳即止，以觸其諱故。**或謂之於䖙；**於，音烏。●左傳作「於菟」，釋文：「音烏徒。」注今江南山夷呼虎爲䖙。音狗竇。●宋本誤作「音湯」，故戴云：「徒，語轉爲竇。」**自關東西或謂之伯都。**注俗曰伯都事神虎説。●「神」，各本誤作「抑」，今從宋本。戴云：「上仍當脱一『見』字。」

二　**貔，**音毗。注狸别名也。**陳楚江淮之閒謂之貍，**音來。**北燕朝鮮之閒謂之豾，**音丕。注今江南呼爲豾狸。**關西謂之狸。**注此通名耳。貔，未聞語所出。●戴云：「貔，猛獸。古今無以名狸者，『貔』當『狸』字誤，郭所見本已作『貔』，故注亦疑之。」

三　**貛，**音歡。注豚也。**關西謂之貒。**波湍。

四　雞，陳楚宋魏之閒謂之鸊鷉；避、祇兩音。桂林之中謂之割雞，或曰䳜。音從。北燕朝鮮洌水之閒謂伏雞曰抱。旁奥反。注江東呼蓝。央富反。●今語猶然。爵子及雞雛皆謂之鷇。恪遘反。關西曰鷇，音狗竇。●「鷇」，説文作「鷇」，今各本皆作「鷇」。淮南子主術訓「鷇卵不得探」，亦作「鷇」。此字俗行已久，姑仍之。又，各本俱音「顧」，今從宋本。其卵伏而未孚始化謂之涅。●已見卷三。「孚」音赴。

五　豬，北燕朝鮮之閒謂之豭；注猶云豭斗也。關東西或謂之彘，或謂之豕；南楚謂之豨。其子或謂之豚，或謂之貕，音奚。吴揚之閒謂之豬子。其檻及蓐曰橧。音繒。注爾雅曰：「所寢，橧。」

六　布穀，●戴云：「當作『尸鳩』。」自關東西梁楚之閒謂之結誥，●爾雅作「鴶鵴」，毛詩傳作「秸鞠」，説文作「秸䳕」，音義竝同。周魏之閒謂之擊穀，自關而西或謂之布穀。注今江東呼爲獲穀。

七　鶡鴠，侃、旦兩音。注鳥似雞，五色，冬無毛，赤倮，晝夜鳴。周魏齊宋楚之閒謂之定甲，或謂之獨舂；注好自低仰。自關而東謂之城旦，注言其辛苦有似於罪謫者。或謂之倒懸，注好自懸於樹也。或謂之鶡鴠；●舊本誤作「鴠鴠」，今依戴本改正。自關而西秦隴之内謂之鶡鴠。●説文作「渴旦」。禮記月令作「曷旦」，釋文云：「曷，本亦作鶡，同，户割反。」坊記作「盍旦」，釋文：「盍，音渴。」

八　鳩，自關而東周鄭之郊韓魏之都謂之鵖音郎。鷎，音皋。其鵻●玉篇「唯辟切」。鳩謂之鸊鷎；自關而西秦漢之閒謂之鵴菊花。鳩。其大者謂之鳻音班。鳩；其小者謂之鵻鳩，注今荊鳩也。●俗本作「鵧鳩」，集韻「鵧，弋睡切，小鳩也」，或本乎此。今從宋本。或謂之鷄音葵。鳩，或謂之鴀音浮。鳩，或謂之鶻鳩。●廣雅云：「鶻鳩，鷂鳩也。」又舍人爾雅音云：「鶌鳩，一名鶻鵃。今之斑鳩。」皆本此。左傳昭十七年正義云：「非也。」戴本謂此一句雜入不倫。梁宋之閒謂之鵻。●即詩小雅「翩翩者鵻」同一字。各本誤作「鶽」，又誤連下條「鳲」字，今依戴本改正。

九　鳲尸。鳩，注按爾雅即布穀，非戴勝也。或云鸇。皆失之也。燕之東北朝鮮洌水之閒謂之鶝鵖。福、不兩音。●各本「鵖」作「鴀」，音丕。今從宋本，爾雅疏引此亦作「鶝鵖」。

自關而東謂之戴鵀。東齊海岱之閒謂之戴南。南猶鵀也。注此亦語楚聲轉也。●丁云：「南、任本一音。」或謂之鴋鸅，注按爾雅説，「戴鵀」下「鴋鸅」自別一鳥名，方言似依此義，又失也。●按，爾雅：「鴋，澤虞。」郭注：「今婟澤鳥，常在澤中，見人輒鳴喚不去，有象主守之官，因名云。」今此注「鴋鸅」當由順文使然，否則脱一「鸆」字。或謂之戴鳻，或謂之戴勝。注勝，所以纏紝。東齊吴揚之閒謂之鵀。自關而西謂之服鶝，或謂之鵖鶝。●鵖，必及反。燕之東北朝鮮洌水之閒謂之䳼。音域。

一〇　蝙蝠，邊、福兩音。自關而東謂之服翼，或謂之飛鼠，或謂之老鼠，或謂之䙴鼠；●「䙴」當「僊」之省文，如漢書律歷志「遷」字亦省作「䙴」。「僊」即「仙」字。自關而西秦隴之閒謂之蝙蝠；北燕謂之蟙𧏙。職、墨兩音。●廣雅「蟙」作「蚮」，音同。又舊本「職」字皆作「⿰身戒」，當是俗寫。

一一　鴈，自關而東謂之鴚音加。鵝；●古作「鴐鵞」，又作「鴐鵞」，廣雅作「鴚鵞」。南楚之外謂之鵝，或謂之鶬鴚。注今江東通呼爲鴚。

一二　**桑飛，**注即鷦鷯也。又名鷦鸎。**自關而東謂之工爵，或謂之過鸁，**音螺〔一〕。**或謂之女鴎。**注今亦名爲巧婦，江東呼布母。**自關而東謂之鸋鴂；**甯、玦兩音。注按爾雅云：「鸋鴂，鴟鴞。」鴟屬，非此小雀明矣。●「自關而東」四字重出。爾雅疏引作「幽人或謂之鸋鴂」，「幽人」二字不足憑，「或」字當有。**自關而西謂之桑飛，或謂之䴉爵。**●各本作「懱爵」，今從宋本。詩豳風正義引作「襪雀」。又此下本有「言懱截也」四字，不可曉；「言」或「音」字之誤也，當衍文。

一三　**鸝黃，自關而東謂之鶬鶊；**注又名商庚。●「鶬」，俗本誤「創」，今從宋本。**自關而西謂之鸝黃，**注其色黧黑而黄，因名之。**或謂之黃鳥，或謂之楚雀。**

一四　**野鳧，其小而好没水中者，南楚之外謂之鷿鷉，**鷿，音指辟。鷉，音他奚反。●「指辟」，未詳。玉篇「鷿，步覓切」「鷉，天兮切」。**大者謂之鶻蹏。**滑、蹄兩音。

〔一〕螺：匯函本作「累」，誤。

一五　**守宮，秦晉西夏謂之守宮，**●書有「東夏」，此「西夏」對彼爲文。**或謂之蠦蠅，**盧、纏兩音。**或謂之蜇易。**注南陽人又呼蝘蜓。**其在澤中者謂之易蜴。**音析。●此音「蜴」爲「析」，卷十内亦同。爾雅翼引作「易蜇」，埤雅引作「易蜥」，皆與此合。唯顔師古注漢書東方朔傳引「其在澤中者謂之蜥蜴」，當誤記也。**南楚謂之蛇醫，或謂之蠑螈；**榮、元兩音。**東齊海岱**●埤雅有「之閒」二字。**謂之螔蛦；**斯、侯兩音。注似蜇易而大，有鱗，今所在通言蛇醫耳。**北燕謂之祝蜒。**音延。**桂林之中守宮大者而能鳴**●疑是「大而能鳴者」。**謂之蛤解。**注似蛇醫而短，身有鱗采。江東人呼爲蛤蚧，音頷頷。汝潁人直名爲蛤解。音懈，誤聲也。●案，此音在本注中，不當分。注中「蛤蚧，音頷頷」，各本誤作「蛤蚖，音頭頷」。戴云：「廣韻『頷、蛤』同音。其『頷』字注云：『頷頷，頤旁。』今據以訂正。」又，「解音懈」，各本誤作「鸊，音解」，今從宋本改正。

一六　**宛野謂鼠爲䶆。**音錐。●各本作「鼳」，今從宋本。注宛、新野，今皆在南陽。

一七　**雞雛，徐魯之閒謂之秋**子幽反。●各本誤分「秋、侯」二字，戴据廣雅校改。**子。**注徐，今下邳，僮縣東南大徐城是也。

輶軒使者絶代語釋别國方言第九

一　**戟，楚謂之孑。**注取名於鉤孑也。●各本正文作「矛」，本左氏傳。今依宋本作「孑」，與「孑」同。**凡戟而無刃，秦晉之間謂之孑，或謂之鏔；**音寅。●各本脱「音」，宋本有。**吴揚之間謂之戈。東齊秦晉之間謂其大者曰鏝胡，**泥鏝。**其曲者謂之鉤孑鏝胡。**注即今雞鳴，句孑戟也。

二　**三刃枝，**注今戟中有小孑刺者，所謂雄戟也。●刺，七賜反。**南楚宛郢**余整反。●各本誤「余正反」，今從宋本。**謂之匽**音偃。**戟。**注郢，今江陵也。**其柄，自關而西謂之柲，**音祕。**或謂之殳。**音殊。

三　**矛，**●楊倞注荀子議兵篇引有「自關而西謂之矛」七字，今無之。**吴揚江淮南楚五湖之間謂之鍦，**嘗蛇反。●案，「鍦」與「鉈」同。説文「鉈」，食遮切。注五湖，今吴興太湖也。先儒處之，多亦不了，所未能詳者。●俗本脱「處」字。又，「不了」二字作「有」。今從宋本。**或**

謂之鋋，音蟬。或謂之鏦。錯江反。注漢書曰：「鏦殺吴王。」其柄謂之矜。注今字作穳。巨巾反。●「矜」，各本誤作「鈐」；注「穳」，誤從木旁作「槿」。案，賈誼過秦論「鉏耰棘矜」，史、漢注皆云「矜亦作穳」，今據改正。

四　箭，自關而東謂之矢，江淮之閒謂之鍭，音侯。關西曰箭。注箭者，竹名，因以爲號。

五　鑽謂之鍴。音端。

六　矜謂之杖。注矛戟穳，即杖也。

七　劒削，自河而北燕趙之閒謂之室；自關而東或謂之廓，或謂之削；自關而西謂之鞞。方婢反。●案，詩及左傳作「鞞」，補頂反。

八　盾，自關而東或謂之瞂，音伐。或謂之干；注干者，扞也。關西謂之盾。

九　車下鉄，陳宋淮楚之閒謂之畢。大者謂之綦。音忌。注鹿車也。●戴云：「案，此言維車之索，故郭璞注云『鹿車也』。前卷五内：『維車，東齊海岱之閒謂之道軌。』廣雅云：『道軌謂之鹿車。』各本『鉄』訛作『鐵』，非也。玉篇云：『鉄，索也。古作鉄。』據此，『鉄』乃本字，『鉄』即其假借字。考工記：『天子圭中必。』鄭注云：『必，讀如鹿車縪之縪，謂以組約其中央爲執之，以備失隊。』圭中必爲組，鹿車縪爲索，其約束相類，故讀如之。『縪、畢』古通用。『大者謂之綦』，各本別爲一條，又改『者』作『車』，今訂正。」

一〇　車轊，于厲反。●俗「轊」字，説文本作「軎」。注車軸頭也。齊謂之轊。●史記田單列傳索隱引作「籠」，通。注又名轅。

一一　車枸簍，音縷。●俗本「音縷」，今從宋本。注即車弓也。宋魏陳楚之閒謂之筱，音巾幗。注今呼車子弓爲筱。或謂之簦籠。穹、隆兩音。其上約謂之筠，音瓜瓝。注即奄帶也。或謂之箕。音覓。●俗本「音脉」，今從宋本。戴本「音覛」，云：「從曹毅之本。」亦與「覓」音同。秦晉之閒自關而西謂之枸簍；西隴謂之榆；即畚字，薄晚反。南楚之外謂之篷，注今亦通呼篷。或謂之隆屈。屈尾。●案，「屈」本作「屆」，説文無「尾」也，今此云「屈尾」，蓋訓「屈」爲

「尾」也。俗本到作「尾屈」，今從宋本。

一二　**輪，**注車輅也。**韓楚之閒謂之軑，**音大。**或謂之軝；**音祇。注詩曰：「約軝錯衡。」**關西謂之𨍭。**音揔。

一三　**輨**牛忿反。**謂之軸。**

一四　**轅，楚衞之閒謂之輈。**張由反。

一五　**箱謂之輫。**音俳。

一六　**軫謂之枕。**注車後横木。

一七　**車紂，自關而東周洛韓鄭汝潁而東謂之緻，**音秋。●「緻」，廣雅作「緧」，亦見考工記鄭注。**或謂之曲綯，**注綯亦繩名。詩曰：「宵爾索綯。」**或謂之曲綸。**音倫。注今江東通呼索綸。自關而西謂之紂。

一八 輨、音管。軑，音大。鍊鏅也。鍊，音柬。鏅，音度果反。●「鍊」，當即説文之「鐧」，「車軸鐵也」，音諫，此「音柬」誤。「鏅」，宋本省作「鐪」，下同。，各本脱「也」字，宋本有。關之東西曰輨，南楚曰軑，趙魏之閒曰鍊鏅。

一九 車釭，齊燕海岱之閒謂之鍋，音戈。或謂之錕；衮衣。自關而西謂之釭，盛膏者乃謂之鍋。

二〇 凡箭鏃胡合嬴者，注胡鏑在於喉下。嬴，邊也。四鐮注廉，稜也。●「廉」，各本作「廣」，誤。李善注潘岳閒居賦引作「鐮，稜也」。或曰拘腸，●「拘」，古侯反。廣雅作「鉤」，古通用。三鐮者謂之羊頭。其廣長而薄鐮謂之錍，普蹄反。或謂之鈀。音葩。注江東呼鎞箭。●各本脱注，以「箭」字爲正文，别起連下「其小而長」爲一條，戴本据廣韻補注，今從之。戴本正文「鈀」字下有「箭」字。今案，即注中「箭」字誤遺耳，不當有，下文從戴本不别起。其小而長、中穿二孔者謂之鉀鑪，嗑、嚧兩音。注今箭錍鑿空兩邊者也。其三鐮、長尺六者謂之飛寅，注此謂今射箭也。●「尺六」，李善引作「六尺」，太長，不宜射，今不從。内●説文人九切。者謂之平題。注今戲射箭。頭，題，猶羊頭也。所以藏箭弩謂之箙。注盛弩箭器也。外傳曰：「檿弧箕箙。」弓謂之鞬，鞬牛。或謂之韇丸。牛犢。●各本「丸」誤作「凡」，又誤在下條之首，今從戴本改正。

二一　矛骹細如鴈脛者謂之鶴厀。注今江東呼爲鈴釘。●案，説文「鈴」下云：「令丁也。」各本此注作「鈐釘」，誤，今改正。有小枝刃者謂之鉤釨矛，或謂之釨。●各本此句「矛」字起别爲一條，下三句亦分爲三條。今依戴本訂正。錟音聃。●宋本「音冉」。謂之鈹。音彼。注今江東呼大矛爲鈹。骹謂之銎。音凶。注即矛刃下口。鐏音頓。謂之釬。音扞。●案，近代字書引此作「釬」，音于。今從宋本。説文：「釬，臂鎧也。」又别是一物，無「釬」字。注或名爲鐓。●案，説文：「鐏，矛戟柲下銅鐏也。」徒對切。又有「鐜」字，都回切，義不同。然曲禮上即作「鐓」字，當可通用。

二二　舟，自關而西謂之船；自關而東或謂之舟，或謂之航。行伍。南楚江湘凡船大者謂之舸，姑可反。小舸謂之艖，音叉。注今江東呼艖，小底者也。艖謂之艒縮，目、宿二音。小艒𦪇謂之艇。注𦨞也。艇長而薄者謂之艜，衣帶。短而深者謂之䑧，音步。注今江東呼艖䑧者。小而深者謂之𣡾。音邛竹。注即長舼也。東南丹陽會稽之閒謂艖爲欚。音禮。泭音敷。謂之䉵，䉵謂之筏。音伐。筏，秦晉之通語也。江淮家居䉵中謂之薦。音箭。●各本誤作「音符」，今從宋本改。方舟謂之潢，音横。注揚州人呼渡津舫爲杭，荊州人呼潢。●注「舫」，各本誤作「航」。又，「杭、潢」二字，宋本與廣韻正相合，戴互易之，誤。艁舟謂之浮梁。注即今浮橋。●廣雅「艁」作「造」，古通用。李善注潘岳閑居賦引方言亦作「造舟」。楫謂之橈，如寮反。或謂之櫂。注今云櫂歌，依此名也。所以隱櫂謂之𥸬。音槳。●宋本「音奬」。注搖𣞤小橛也。江東又名爲胡人。所以縣櫂謂之緝。音七。●宋本無音，别本有。注繫櫂頭索也。所以刺●七亦反。船謂之槁。音高。維之謂之鼎。注繫船爲維。首謂之閤閭，注今江東呼船頭屋謂之飛閭是也。或謂之艗音亦。艏。注鷁，鳥名也。今江東貴人船前作青雀，是其像也。●案，「艗艏」與廣雅同，本當作「鷁首」。後曰舳，音軸。注今江東呼柂爲舳。舳，制水也。僞音訛。謂之仡，吾勃反。注船動搖之皃也。●「僞」，玉篇作「僞」，于詭切，戴本從之。今案，尚書堯典：「平秩南訛。」周禮馮相氏注、漢書王莽傳俱作「南僞」，韋昭讀「僞」從「訛」，與此正同。今人呼爲「划」，即「訛」之轉音也，不當從玉篇改作「僞」。仡，不安也。●戴本分「泭謂之䉵」起爲一條，又分「楫謂之橈」起爲一條，今仍舊本，不分。戴又從曹毅之本，「仡」作「扤」。案，「扤、仡」義同，今從衆家本。

輶軒使者絶代語釋別國方言第十

一　媱、●舊誤作「婬」，今据廣雅改，曹憲音「遥」。惕，音羊。遊也。江沅之閒謂戲爲媱，或謂之惕，或謂之嬉。香其反。

二　曾、訾，何也。湘潭音覃，一音淫。●各本誤作「音潭，亦曰淫」，今從宋本。之原注潭，水名，出武陵。荆之南鄙謂何爲曾，或謂之訾，注今江東人語亦云訾，爲聲如斯。若中夏言何爲也。

三　央亡、●廣雅作「鞅罔」，曹憲音上烏郎反，下音罔。嚜杘、嚜，音目。杘，丑夷反。●案，列子力命篇作「墨杘」。姡，胡刮反。獪也。江湘之閒謂之無賴，●張湛注列子引方言「江湘」作「江淮」，顏師古注漢書高祖紀語亦同；史記集解又作「江湖」。各本「之閒」下有「或」字，宋本無，今從之。或謂之䝗。恪交反。注偛㥿，多智也。●玉篇：「偛㥿，鬼黠也。」偛，楚洽切；㥿，丑葉切。舊本作「恐㥿」，誤。今從戴本改正。凡小兒多詐而獪謂之央亡，或謂之嚜杘，注嚜屎，潛潛狡也。●似衍一「潛」字。或謂之姡。注言黠姡也。姡，娗也。注言恫娗也。●當與「挏挺」音同。或謂之猾。音滑。皆通語也。

四　崽者，子也。崽音枲，聲之轉也。湘沅之會音獪。注兩水合處也。凡言是子者謂之崽，聲如宰。若東齊言子矣。●舊本「聲如宰」在此下，誤。「崽」有宰音，若「子」自讀本字。

五　誺，音癡眩。江東曰咨，此亦癡聲之轉也。●案，「誺」，戴本改作「𧫷」，引玉篇：「𧫷，不知也。」丑脂、丑利二切。誺，同上。又力代切，誤也。」「以六書諧聲考之，『𧫷』從言，桼聲，可入脂、至二韻；『誺』從言，來聲，應入代韻，不得入脂、至韻。故訂正作『𧫷』。」今案，戴説非也。左傳宣二年：「于思于思，棄甲復來。」陸德明釋文云：「來，力知反。又如字，以協上韻西才反。」又詩邶終風：「惠然肎來。」陸云：「古協思韻，多音梨。」又案，素問：「恬澹虛無，真氣從之，精神内守，病安從來。」「來」協「之」，正與此音「癡」同韻，安在從來之非而從桼之是乎？「音癡眩」，各本誤作「音瘢眩」，今從宋本改正。下「癡」，舊本誤作「如」，戴本改「知」亦未是。今案，「癡」字俗作「痴」而脱其畫耳，故從上定作「癡」字。不知也。沅澧音禮。之間注澧水，今在長沙。凡相問而不知荅曰誺，使之而不肎荅曰吂。音茫。注今中國語亦然。粃，不知也。

注今淮楚間語呼聲如非也。

六 煤，呼隗反。火也。楚轉語也，猶齊言焜，音毀。火也。

七 嘳、音蒯。●案，説文即「喟」字。無寫，憐也。注皆南鄙之代語也。●「南鄙」，俗本作「秦漢」誤。今從宋本改正。沅澧之原凡言相憐哀謂之嘳，或謂之無寫，江濵謂之思。注濵，水邊也。皆相見驩喜有得亡之意也。九嶷湘潭之間謂之人兮。注九嶷，山名，今在零陵營道縣。●案，鄭注禮記中庸「仁者，人也」云：「人讀如相人偶之人。」又注表記引公羊傳：「執未有言『舍之』者，此其言『舍之』何人也。」意皆與此「人兮」相合。鄭所引公羊在成十六年，何休本人也作「仁之」也。

八 婩、魚踐反。●張湛注列子力命篇引字林云：「婩，齊也。」嫧、音策。鮮，好也。南楚之外通語也。

九 讕哰、闌、牢二音。謰謱，上音連，下力口反。拏奴加反。也。注言諸拏也。●説文：「拏，牽引也。」又：「諸拏，羞窮也。」東齊周晉之鄙曰嚂哰。嚂哰亦通語也。注平原人好嚂哰也。

南楚曰謰謱，或謂之支註，支，之豉反。註，音注。或謂之詀謕，上託兼反，下音啼。轉語也。拏，揚州會稽之語也，或謂之惹，汝邪反，一音若。注言情惹也。或謂之諦。注言誣諦也。●「誣」，舊本作「誣」。

一〇 扗、音懿。嗇，●「嗇」本字。貪也。注謂慳貪也。荆汝江湘之郊凡貪而不施謂之扗，注亦中國之通語。或謂之嗇，或謂之悋。悋，恨也。注慳者，多惜恨也。●「惜」，各本誤作「情」，今從宋本。

一一 遥、窕，淫也。九嶷荆郊之鄙謂淫曰遥，●案，「郊」字疑或是「郢」字之誤。注言心遥蕩也。沅湘之閒謂之窕。注窈窕，冶容。●案，此注引「窈窕」非也。楊倞注荀子禮論篇「窕冶」讀爲「姚冶」，妖美也。當從楊讀。

一二 潛、涵，音含，或古南反。沈也。楚郢以南曰涵，或曰潛。潛又游也。注潛行水中亦爲游也。

一三　**家**、音寂。●宋本「音寂」二字在下「家」字下，今移此，各本皆缺音。楚辭遠遊：「野家漠其無人。」莊子大宗師：「其容家。」陸氏釋文云：「本亦作寂，崔本作家。」又郭象注齊物論云：「槁木取其家莫無情耳。」釋文：「家，音寂。」漢和平時張公神碑：「壘界家靜。」延熹時成皋令任伯嗣碑：「官朝家靜。」是「家」字其來已古，戴本以爲訛字，改作「宋」，太泥。今仍從宋本。**安，靜也。江湘九嶷之郊謂之家。**

一四　**拌**，音伴，又普槃反。**棄也。楚凡揮棄物謂之拌，或謂之敲**；恪校反。●各本作「恪交反」，今從宋本。注今汝潁間語亦然。或云𢷹也。**淮汝之閒謂之投。**注江東又呼𢷹。音黶。●案，廣雅：「拌、撽、投，棄也。」曹憲音釋：「撽，苦孝、苦交二反。」與此「敲」，字異音義同。方言各本「投」誤作「役」，今改正。注「呼𢷹」，各本誤作「呼擨」，今從戴本改正。各本「音黶」下有「又音犳音豹」五字，宋本無，戴本改作「又音揞」，引廣韻「揞，吴人云抛也，於陷切」爲證。

一五　**詠，愬也。**注詠譖亦通語也。**楚以南謂之詠。**

一六　**戲**、音羲。●各本作「音義」，今從宋本。戴云：「戲、歍一聲之轉。」**泄**，●本亦作「渫」，唐避諱作「洩」。**歍也。楚謂之戲泄。**句。**奄**，●本亦作「掩」。**息也，楚揚謂之泄。**

一七　**攓**，音騫，一音騫。●各本作「音騫，一曰騫」，宋本作「音蹇，一曰騫」。案，「音蹇」與卷一内音合，下當作「一音騫」。賈誼新書俗激篇「攓兩廟之器」，亦讀從「騫」。今据改正。**取也。楚謂之攓。**

一八　**𩂂**、音費。●各本誤「音曬」，今從宋本。**曬，乾物也。揚楚通語也。**注亦皆北方通語。或云瞟。●「通語」，戴從永樂大典本作「常語耳」。瞟，匹妙反。

一九　**芺**，音斐。**卒也。**注謂倉卒也。**江湘之間凡卒相見謂之芺相見，或曰突。**他骨反。

二〇　**迹迹、屑屑，不安也。**注皆往來之皃也。**江沅之間謂之迹迹；秦晉謂之屑屑，或謂之塞塞，或謂之省省。不安之語也。**

二一　**瀾沭、**瀾音閑。●「沭」音術，各本誤作「沐」，今從宋本。**征伀，遑遽也。江湘之閒凡窘猝怖遽**●廣雅作「怖慷」，音義同。**謂之瀾沭，**注喘唶皃也。**或謂之征伀。**

二二　**翥，舉也。**注謂軒翥也。**楚謂之翥。**

二三　**忸怩，慙歰也。**注歰猶苦者。●注「者」，疑本作「也」。「慙歰」，猶今言羞澀。**楚郢江湘之閒謂之忸怩，或謂之㥾咨。**子六、莊伊二反。●戴云：「『忸怩、㥾咨』竝雙聲。『莊伊』，『莊』字乃類隔，改音和爲『即伊反』。」

二四　**垤、封，場也。楚郢以南蟻土謂之封。**●各本作「謂之垤」，戴据太平御覽及吴淑事類賦注作「封」，今從之。**垤，中齊語也。**

二五　**讁，**音賾，亦音適，罪罰也。**過也。**注謂罪過也。**南楚以南凡相非議人謂之讁，或謂之衇。**血脈。**衇，又慧也。**注今名黠鬼衇。●徐爰注潘岳射雉賦引此注「俗謂黠爲鬼脈」，「爲」

字或省去耳。

二六　**䐝，兄也。荆揚之鄙謂之䐝，桂林之中謂之䊜。**皆音義所未詳。●六字舊在「兄也」下。今案，當在此，宋本「皆」字作「此」。

二七　**讓極，吃也。楚語也。**注亦北方通語也。●「讓極」，列子力命篇作「讓㥛」。**或謂之軋，**烏八反。注鞅軋，氣不利也。**或謂之㴑。**注語㴑難也。今江南又名吃爲嘆。苦葉反。●各本「苦」誤作「若」，今從宋本。

二八　**呰，**昨啓反。●案，漢書地理志「呰窳偷生」，如淳曰〔一〕：「呰或作𪓷。」師古曰：「呰，短也。」据此，則「呰」與下「𪓷」可互見，不必定從一。**䆀，**蒲楷反。**短也。江湘之會謂之呰。凡物生而不長大亦謂之𪓷，又曰瘠。**音薺菜。注今俗呼小爲瘠。●「瘠」，正字當作「癠」，蓋「齊」古文作「亝」，因而訛耳。舊本如此，姑仍之。玉篇：「癠，在細反。」**桂林之中謂短䆀。**注言䆀

〔一〕淳：匯函本作「湻」，同。

𪘲也。●「𪘲」，苦駭反，舊本誤作「偕」。案，廣韻：「𪘲𪘲，短也。」今訂正。𪘲，通語也。東陽之間謂之府。注言俯視之，因名云。

二九　鉗、注鉗害，又惡也。疲、妨反反。注疲恎，惡腹也。憋，妨滅反。注憋怤，急性也。惡也。南楚凡人殘罵謂之鉗，●列子力命篇「憋憋」張湛注：「憋，音敷。」「憋、怤」音義同。又謂之疲。注殘猶惡也。

三〇　癡，騃吾駭反。也。揚越之郊凡人相侮以爲無知謂之眲。諾革反。●列子黄帝篇：「子華之門徒，顧見商邱開年老力弱，面目黎黑，衣冠不檢，莫不眲之。」張湛注引此，「侮」上有「輕」字。眲，耳目不相信也。注因字名也。或謂之斫。斫卻。●「斫卻」，當時語，故以爲音。杜詩「斫卻月中桂」，必有所本。注斫，頑直之皃，今關西語亦皆然。

三一　惃、哀衣。●廣韻古渾切。愗、音敎。頓愍，●舊本作「愍」，或是省文，非關避唐諱。惽也。注謂迷昏也。楚揚謂之惃，或謂之愗；江湘之間謂之頓愍。注頓愍，猶頓悶也。或謂之氐惆。丁弟、丁牢二反。南楚飲毒藥懣謂之氐惆，亦謂之頓愍，猶中齊言眠眩也。●書

「瞑眩」同。一云即「懊惱」字。**愁恚憒憒、毒而不發謂之氐惆。**注氐惆，猶懊憹也。●「懊憹」，出素問。「憹」，乃董反。

三二　**悦、舒，蘇也。**注謂蘇息也。**楚通語也。**

三三　**眠娗、**莫典、塗殄二反。●各本「塗」誤作「淦」。今從宋本。**脈蜴、**音析。●案，劉熙釋名云：「脈摘猶譎摘也。」當即此。**賜施、**輕易。**茭媞、**恪校、得懈二反。●各本「校」作「交」，今從宋本。**譠謾、**託蘭、莫蘭二反。**㥏㐌，**麗、醢二音。**皆欺謾之語也。楚郢以南東揚之郊通語也。**注六者亦中國相輕易蚩弄之言也。●「亦」字各本皆脱，今從宋本補。

三四　**攋、**音旃裘。**頷、顏，顙也。江湘之閒謂之攋，**注今建平人呼頷爲攋。**中夏謂之頷，東齊謂之顙，汝潁淮泗之閒謂之顏。**

三五　**頷、頤，頜也。**注謂頷車也。**南楚謂之頷，**注亦今通語爾。**秦晉謂之頜。頤，其通語也。**

三六 **紛怡，喜也。湘潭之間曰紛怡，或曰㐌已。**嬉、怡二音。

三七 **𨜒，**洒酣。**或也。沅澧之間凡言或如此者曰𨜒如是。**注亦此「憨」聲之轉耳。●「亦此」二字，各本到，今從宋本。戴云：「『此亦憨』三字有舛誤。『𨜒、憨』，語輕重異耳，當是『亦言憨』。」

三八 **愮，**音曜。●案，廣雅作「搖」。**療，治也。江湘郊會謂醫治之曰愮。**注俗云厭愮病。**愮，又憂也。**注博異義也。**或曰療。**

三九 **㒼，**凶位反。**莽，**嫫母。●俗本有「反」字。案，卷三內無，蓋讀「莽」如嫫母之母，後人妄增「反」字，非也，今去之。**草也。東越揚州之間曰㒼，南楚曰莽。**

四〇 **悈鰓，**悈，音良憚。鰓，音魚鰓。●悈，宋本作「惐」。「良憚」，當時語，猶言「良謹」，讀若棘。**乾都，**乾，音干。**耇，**音垢。**革，老也。**注皆老者皮色枯瘁之形也。**皆南楚江湘之間代語**

也。注凡以異語相易謂之代也。

四一　摦、攩摦。●張湛注列子黄帝篇「攩摦挨抌」，「摦」音蒲結反，又扶畢反。此音「攩摦」，當如湛音。宋本作「神祕」，各本作「捶摦」，皆誤。殷敬順列子釋文「摦」音扶閉反，亦非「祕」音。抌，都感反，亦音甚。推也。●張湛注列子引方言「抌，擊背也」，今無，疑湛誤記。南楚凡相推搏曰摦，或曰揔。苦骨反。沅湧澆幽之語注澆水，今在桂陽。涌水，今在南郡華容縣也。或曰攩。音晃。注今江東人亦名推爲攩。

四二　食閻、音鹽。慫慂，上子竦反，下音涌。勸也。南楚凡己不欲喜而旁人説之、不欲怒而旁人怒之謂之食閻，或謂之慫慂。

四三　欸、音醫，或音麈埃。譽，烏醫。然也。南楚凡言然者曰欸，或曰譽。

四四　緤、末、紀，緒也。南楚皆曰緤。音辥。或曰端，或曰紀，或曰末，皆楚轉語也。

四五　睃、音揔。䂂、音麗。闚、貼、敕纖反。占、覗，●各本作「伺」。今案，下文作「覗」，此處正文亦必爾。或本音「伺候」二字，而文脱耳。廣雅亦作「覗」，今据改正。視也。凡相竊視，南楚謂之闚，或謂之睃，或謂之貼，或謂之占，或謂之䂂。䂂，中夏語也。注亦言睞也。●「睞」，宋本作「睞」，字書無此字。玉篇：「睞，力佳切，視也。」戴云：「『睞、䂂』亦一聲之轉。」今從之。或疑「睤」與「䂂」聲亦相近。闚，其通語也。自江而北謂之貼，或謂之覗。凡相候謂之占。占，猶瞻也。

四六　䵝、惡孔反。䵤、奴動反。●「䵝、䵤」一音，於容、女容二反。䁺，多也。南楚凡大而多謂之䵝，或謂之䵤；凡人語言過度及妄施行亦謂之䵤。

四七　抯、相黎。●「黎」亦「梨」字。摣，仄加反。●各本「仄」誤作「以」，今据玉篇改正。取也。南楚之閒凡取物溝泥中謂之抯，或謂之摣。

四八　伆、音汎。僄，飄零。●亦音匹妙反。輕也。楚凡相輕薄謂之相伆，或謂之僄也。

輶軒使者絶代語釋别國方言第十一

一　**蛥蚗，**蛥，音折。蚗，亏列反，一音玦。●丁云：「詩『蜉蝣折閲』，此『蛥蚗』音同字異。」**齊謂之螇蚻；**奚、鹿二音。**楚謂之蟪蛄，**注莊子曰「蟪蛄不知春秋」也。**或謂之蛉蛄；**蛉，音零。**秦謂之蛥蚗；自關而東謂之虭蟧，**貂、聊二音。**或謂之蝭蟧，**蝭，音帝。●爾雅疏同。一本作「音啼」。**或謂之蜓蚞。**廷、木二音。**西楚與秦通名也。**注江東人呼蟂蟧。●宋本作「作蟂蟧」。

二　**蟬，楚謂之蜩，**音調。**宋衛之閒謂之螗蜩，**注今胡蟬也，似蟬而小，鳴聲清亮，江南呼螗蛦。**陳鄭之閒謂之蜋蜩，**蜋，音良。**秦晉之閒謂之蟬，海岱之閒謂之蛴。**音技。**其大者謂之蟧，或謂之蝒馬；**注按爾雅云：「蝒者，馬蜩。」非别名「蝒馬」也，此方言誤耳。**其小者謂之麥蚻。**注如蟬而小，青色。今關西呼麥蠽。音癰癥。**有文者謂之蜻蜻。**注即蚻也，爾雅云耳。●郭注爾雅「蚻，蜻蜻」云：「如蟬而小。方言云：『有文者謂之螓。』」案，「謂之螓」三字疑誤衍，否則上有脱文。詩衛風鄭箋云：「螓，謂蜻蜻也。」**其𧊜蜻謂之𧈧。**祖一反。●「𧊜」，宋本作「蚍」，亦作「蚍」，字音咨。今杭人呼「蚍蛚」者，意即此與？各本「𧈧」誤「疋」，今改正。**大而黑者謂之𧉬，**音棧。**黑而赤者謂之蜺。**雲霓。**蜩蟧謂之蓋蜩。**注江東呼爲蓋蠽也。**螗**音應。**謂之寒蜩。寒蜩，瘖蜩也。**注按爾雅以蜺爲寒蜩，月令亦曰「寒蟬鳴」，知寒蜩非瘖者也。此諸蟬名，通出爾雅，而多駁雜，未可詳據也。寒蜩，螿也，似蟬而小，色青。●「似蟬而小」，各本「小」字在「似」字下，誤。今從宋本改正。

三 **蛄詣謂之杜蛒。**音格。●「詣」，各本作「諸」，爾雅疏作「者」，皆誤。今從宋本。**螻蛞**音窒塞。**謂之螻蛄，或謂之蝼蛉。**象、鈴二音。**南楚謂之杜狗，或謂之蛞螻。**

四 **蜻蛚，**精、列二音。注即趨織也。●趨，音促。**楚謂之蟋蟀，或謂之蛬；**音鞏。注梁國呼蛬。●各本俱作「梁園」，今從戴本。**南楚之閒謂之蚟孫。**一作絲。●案，廣雅「蚟孫」與此同，宋本有「一作絲」三字，當是後來校者所加。孔云：「當作『𧊕絲』，即絡緯也。」

五 **螳蜋謂之髦，**注有斧蟲也。江東呼爲石蜋，又名齕肬。●禮記月令正義作

「食厖」，藝文類聚作「食朧」，皆同。「朧」舊作「肬」，誤。**或謂之虰，**注按，爾雅云：「螳蜋，蝆。」「虰」義自應下屬，方言依此說，失其指也。**或謂之蝆蝆。**音羊。●案，「音羊」二字，舊誤在下條，今移此。「蝆蝆」，廣雅作「芊芊」。

六　蛄蟄謂之强蝆。注米中小黑甲蟲也。江東名之蛩，建平人呼芊子。芊即蝆也。蛩，音加。●此條俗本連上，今依宋本別爲一條。注「芊即蝆也」，各本作「芊即姓也」，爾雅疏改作「芊楚姓也」。陳氏方言類聚本作「芊即蝆也」，云：「今吴會通呼芊子，作『即姓』者訛。」今据此改正。

七　蟒，莫鯁切〔一〕。注即蝗也。**宋魏之間謂之蚮，**音貸。**南楚之外謂之蟅蟒，**蟅，音近詐，亦呼虴蛨。●「近詐」，宋本作「之詐」，誤。「虴蛨」，俗本作「吒陌」，今從宋本改正。**或謂之蟒，或謂之螣。**音滕。●戴云：「『螣』與『蚮』竝徒得反，此類不宜別立名及强讀異音。」文弨案，「螣」音滕，則螣蛇也。爾雅「蟒，王蛇」在釋魚，此廁諸蟲閒，似乎不類，故注以「蝗」與「虴蛨」爲解；然方言無魚類，疑此所指皆蛇耳，「蚮」乃蛇之有黄黑色如蚮瑁者，故以爲名。

〔一〕全書通作「反」，「切」字誤。

八　**蜻蛉**音靈。**謂之蝍蛉。**注六足四翼蟲也。江東名爲狐黎，淮南人呼蝀蛜。蝀，音康。蛜，音伊。

九　**舂黍謂之𧒂蝑。**𧒂，音菱。蝑，音思沮反。●「菱」，各本作「蔆」。「思」，各本作「壞」，戴本改「墻」。今竝從宋本。注又名蚣𧒂，江東呼虴蛨。●「虴蛨」，詩釋文作「虴蜢」。今案，「虴蛨」即「虴蜢」也。

一〇　**蠀蛓**即、蹴二音。**謂之蚇蠖。**烏郭反。注又呼步屈。●太平御覽引郭注云：「尺蠖有呼步屈。其色青而細小，或在草木葉上，今蜾蠃所負爲子者。」此二十字，今注無之，當是脱去耳。御覽「有」字即「又」之訛。

一一　**𧖴，燕趙之閒謂之蠓蜹。**蒙、翁二音。**其小者謂之蠮**音鯁噎。●「蠮」亦作「蝘」，舊本誤作「蠮」，字書無，今改正。**蜹，**注小細腰𧖴。**或謂之蚴蛻；**幽、稅二音。●「稅」，俗本作「悦」，今從宋本。**其大而蜜者謂之壺𧖴。**注今黑𧖴，穿竹木作孔亦有蜜者。**或呼笛師。**●各本正文「蜜」下脱「者」字，今依宋本增入。

一二　**蠅，東齊謂之羊，**注此亦語轉耳。今江東人呼羊聲如蠅，凡此之類皆不宜別立名也。●「蠅」，从虫，黽聲，古讀當近「閔」，與楚姓之「芈」，聲相近，故郭謂「不宜別立名」，若以爲「牛芈」之「芈」，聲雖可轉，物類太懸殊矣。「𦍌」乃「𢆉」之譌，但舊本竝如是，隸釋載漢碑有「𦍌」字。**陳楚之閒謂之蠅，自關而西秦晉之閒謂之羊。**●末「羊」字，舊本仍作「蠅」，誤。戴本作「羊」，今定作「芈」字。

一三　**蚍蜉，**毗、浮二音。注亦呼蟞蜉。●「蟞」，匹結反。**齊魯之閒謂之蚼蟓，**駒、養二音。**西南梁益之閒謂之玄駒，**注法言曰「玄駒之步」是。**燕謂之蛾蛘。**蟻、養二音。注建平人呼蚳。音侈。●案，太平御覽引方言此句下有「楚郢以南蟻土謂之封」九字，案見卷十內。**其場謂之坻，**直尺反。**或謂之垤。**注亦名冢也。●「坻」與前卷六、「垤」與前卷十互見，非脱簡也。

一四　**蠀螬謂之蟦。**翡翠。●案，「蟦」音翡翠之翡，俗本下有「反」字，係誤衍。**自關而東謂之蝤蠀，**酋、餈兩音。**或謂之蛬**書卷。**蠾，**●之欲反，又音蜀。**或謂之蝖毂；**喧、斛兩音。注亦呼當齊，或呼地蚕，或呼蟦蝖。●「地蚕」，廣雅作「地蠶」。「蚕」亦「蠶」字，見篇海。宋本作「蚕」，各本作「蝵」。梁益之閒謂之蛒，音格。或謂之蝎，●胡葛反。或謂之蛭蛒；蛭，音質。秦晉之閒謂之蠹，或謂之天螻。注按，爾雅云：「螜，天螻。」謂螻蛄耳。而方言以爲蝎，未詳其義也。四方異語而通者也。

一五　蚰蜒，由、延二音。●宋本作「蚰蜓」。案，今人到呼「蜓蚰」，見爾雅翼。自關而東謂之螾蜇，螾，音引。或謂之入耳，或謂之蝭●音腸。蠷；音麗。●宋本「音离」。趙魏之閒或謂之蚨虷。扶、于二音。北燕謂之蛆蚭。蛆，奴六反。蚭，音尼。注江東又呼蛩。音鞏。

一六　鼅鼄，知、株二音。●「鼅」，各本省作「鼃」。通志昆蟲略引此不省，今從之。鼄蝥也。音務。●俗本作「音無」，今從宋本。自關而西秦晉之閒謂之鼄蝥；注今江東呼蝃蝥。蝃，音掇。自關而東趙魏之郊謂之鼅鼄，或謂之蠾蝓。蠾、臾二音。●爾雅疏引作「蠾蝜」，與廣雅同。蠾蝓者，侏儒語之轉也。北燕朝鮮洌水之閒謂之蝳蜍。音毒餘。注齊人又呼社公，亦言罔工。●「罔工」，各本誤作「周公」，今依廣雅及爾雅疏改正。

一七 **蜉蚍**，浮、由二音。●夏小正作「浮游」，詩作「蜉蝣」。**秦晉之閒謂之蝶蟹。**注似天牛而小，有甲角，出糞土中，朝生夕死。●爾雅作「渠略」。

一八 **馬蚿**，音弦。**北燕謂之蛆蝶。**蝍蛆。**其大者謂之馬蚰。**音逐。注今關西云。

輶軒使者絶代語釋別國方言第十二

一 **爰、嗳，**音段。● 曹憲音廣雅引方言云「音毀」。「毀」即「段」字，見篇海。宋本作「音喚」，似誤。**哀也。** 注 嗳，哀而恚也。● 案，「爰、嗳，恚也」見前卷六内。

二 **儒輸，愚也。** 注 儒輸，猶懦撰也。● 「懦撰」，各本誤作「儒撰」。戴云：「儒輸、懦撰皆疊韻，楊倞注荀子脩身篇所引尚不誤。懦，讓犬反。撰，士免反。」文弨案，漢書西南夷傳作「選耎」，息兖、人兖二反，後漢書西羌傳作「選懦」，音義竝與「懦撰」相近。

三 **愋、諒，知也。** ● 「知」，廣雅作「智」，古「智」字。曹憲音釋：「愋，音爰。」

四 **拊、**音府。● 廣雅曹憲音方于反。**撫，**● 廣雅作「舞」。**疾也。** 注 謂急疾也。

五 **悲、**音翡。● 各本作「菲」。宋本作「悲」，與廣雅同，今從之。戴云：「應即『不悱不發』

之『悱』。」惄，悵也。注謂惋惆也。

六　鬱巸，音怡。●各本作「熙」。戴据廣雅改正，今從之。長也。注謂壯大也。

七　娋、孟，姊也。注外傳曰「孟啖我」是也。今江東山越閒呼姊聲如市，此因字誤遂俗也。娋，音義未詳。●曹憲音廣雅「娋」所交反；玉篇作「嫈」，音同。廣韻「嫈」字下注云：「齊人呼姊。」

八　築直六反，廣雅作「妯」。●俗本作「度六反」，誤。今從宋本改正。娌，匹也。注今關西兄弟婦相呼爲築里。●本亦作「娌」。娌，耦也。

九　𥗽、音盈。裔，習也。注謂玩習也。

一〇　躔、度展反。逡，循逡巡。也。●宋本「循」作「偱」。案，「逡巡」二字，舊本在「逡」字下，誤，今移正。「逡循」即「逡巡」，見晏子春秋問下篇、說苑善說篇「林既逡循」，漢書游俠傳「萬章逡循甚懼」、外戚傳「逡循固讓」。又作「逡遁」，音義亦同也。**躔、歷，行也。**注躔猶踐也。**日運爲躔，月運爲逡。**注運猶行也。

一一　**逭、**音換，亦管。**逭，**陽六反。**轉也。逭、逭，步也。**注轉相訓耳。

一二　**㷭、虡，望也。**注今云烽火是也。●案，李善注班固西都賦引此注無「云」字。

一三　**揄、㨖，脱也。**●舊本誤作「榆、㮰」，戴從廣雅改正。李善注枚乘七發亦引作「揄」。

一四　**解、輸，棁也。**注棁猶脱耳。●案，荀子禮論篇「凡禮始乎棁」，大戴禮及史記皆作「脱」，是「棁」與「脱」同也。説文從手。

一五　**賦、與，操也。**注謂操持也。

一六　**溘**、音鹿。**歇，**泄气。●「气」，古「氣」字。説文「涸」字注：「一曰气越泄。」〔一〕合。**涸也。**注謂渴也。音鶴。

一七　**潋**、匹計反。●各本作「妨計反」，今從宋本。**澂，**音澄。**清也。**

一八　**逯**、音鹿，亦録。**遡，**音素。**行也。**

一九　**墾**、**牧，司也。墾，力也。**注耕墾用力。**牧，飤也。**注謂放飤牛馬也。**監**、**牧，察也。**

二〇　**藿，**音歡。**始也。藿，化也。**注別異訓也。

二一　**鋪**、妨孤反。**脾，止也。**注義有不同，故異訓之。●戴云：「此蓋釋詩『匪安匪舒，淮夷來鋪』之義，『鋪』與『脾』一聲之轉。」

〔一〕中華書局影印陳昌治本説文「涸」字注：「渴也，从水，固聲。」未見盧引此文。而「歇」字釋文與之同，知説文「涸」字當作「歇」。

二二　**攘、掩，止也。**

二三　**幕，覆也。**

二四　**侗**他動反。**胴，**挺挏。**狀也。**注謂形狀也。

二五　**尐、**●説文：「尐，從小，乀聲。」曹憲音廣雅：「尐，子列反。」孫奭孟子音義告子下「匹雛」，丁作「尐雛」云：「案，注云『尐雛』，小雛也。」引方言正作「尐」。舊本竝誤作「疋」，今改正。**杪，小也。**注樹細枝爲杪也。

二六　**屑、往，勞也。**注屑屑、往來，皆劬勞也。

二七　**屑、惟，**王相。**獪**市儈。●案，此亦取音同。**也。**

二八 **嗷**、音皎。●「嗷」，各本作「效」，今從宋本。廣雅作「皎」。**烓**，口類反。**明也。**

二九 **湊**、●今作「湊」。**將，威也。**

三〇 **嬀**、居爲反。**娗**，音挺。**僈**博丹反。**也。** 注 爛僈，健狡也。●「僈」，舊本作「傷」，即「僈」字。戴本改作「傷」，讀爲「爛傷」，字書所未聞，不若讀「爛僈」爲「爛漫」猶近之。

三一 **儇**、**虔**，**謾**莫錢反。**也。** 注 謂惠黠也。●案，「惠」與「慧」通。

三二 **佻**，音糶。**疾也。** 注 謂輕疾也。

三三 **鞅**、**倖**，音教。**强也。** 注 謂强戾也。**鞅**、**倖**，**懟也。** 注 亦爲怨懟。鞅猶怏也。

三四 **追**、**末**，●各本誤作「未」，今從廣雅改正。**隨也。**

三五 **僉、怚，**音驕怚。●「驕怚」當即「驕姐」，音俎。嵇康幽憤詩云〔一〕：「恃愛肆姐，不訓不師。」**劇也。**注謂勤劇。**僉，夥**音禍。**也。**注僉者同，故爲夥。

三六 **夸、烝，婬也。**注上婬爲烝。●本亦作「蒸」。

三七 **粃、顮，**音頻。**懣也。**注謂憤懣也。●説文：「粃，房脂切。人臍也。」「顮」，疑與大戴禮本命篇「朞而生臏」之「臏」同，皆謂陽癉憤盈也。

三八 **茺、**●案，説文唯有「㷀」字，渠營切，云：「回疾也。」**激，清也。**

三九 **紓、**音舒。**退，**●古「退」字。**緩也。**注謂寬緩也。

四〇 **清、躡，急也。**

〔一〕 稽：通作「嵇」。

四一　杼、杼渫。**●**「杼」與「抒」通用。「杼渫」，俗本作「杼井」。宋本作「杼渫」，乃「杼渫」之誤也，見廣韻。若「杼井」之云，於義甚僻。詩大雅生民篇毛傳云：「揄，抒臼也。」此甚著，胡以不引。**瘛，**胡計反。**解也。蕆、**音展。**逞，解也。**注蕆訓敕，復言解，錯用其義。●案，左氏宣十七年傳：「庶有豸乎。」杜注：「豸，解也。」正義曰：「方言文。」釋文作「庶有鳩乎」，云：「徐音豸，直是反，解也。本又作豸，或音居牛反，非也。」「鳩解」：「音蟹，此訓見方言。」〔一〕案，正義與釋文皆云出方言，而今本無之。卷十三內兩「解也」皆佳買反，姑附見於此。

四二　柢、音觸抵。**柲，刺也。**注皆矛戟之矠，所以刺物者也。●「柢」，廣雅作「扻」，即「抵」字。「柲」作「摋」，廣韻作「搫」，云「亦作摋」。

四三　倩、荼，借也。注荼猶徒也。

〔一〕中華書局版阮元校十三經注疏本此條釋文作：「豸，本又作鳩，直是反。或音居牛反，非也。解音蟹。此訓見方言。」中華書局版黄焯斷句本經典釋文「鳩乎」條下云：「徐音豸，直是反，解也。本又作豸，注同。或音居牛反，非也。」「鳩解」條下云：「音蟹。此訓見方言。」

四四　僻朴，劈歷、打撲二音。**猝也。**注謂急速也。

四五　麋、黎，老也。注麋猶眉也。●案，「眉、梨，老也」，已見卷一，「眉、麋」「梨、黎」實同一字，此複出。

四六　萃、離，待也。●「萃」，廣雅作「崪」。「待」，各本誤作「時」，今亦据廣雅改正。

四七　漢、赤，怒也。●「赤」，乃「赫」之變體，集韻收之。以其相沿已久，各本皆如此，無妨仍之。**赤，發也。**

四八　譁、呼瓜反。**吁，**音于。**然也。**注皆應聲也。

四九　猜、忦，●玉篇古黠切。**恨也。**

五〇 **艮、磑，**五碓反。**堅也。**注艮、磑，皆名石物也。●舊本「名石」到，今依戴本移正。

五一 **烎、**音淫。**眼，**●音亮。各本並誤作「眼」，戴据永樂大典改。**明也。**注烎，光也。●「烎」，各本誤作「炗」，今從廣雅改正。說文：「烎，直廉切，小熱也。詩曰：『憂心烎烎。』」詩釋文於小雅節南山篇「如惔」云：「說文作『烎』，才廉反。」皆與此音義不同。

五二 **忸**音敷。**愉，悅也。**注忸愉，猶呴愉也。●漢琴調曲隴西行：「好婦出迎客，顏色正敷愉。」與此「忸愉」同。

五三 **即、圍，就也。**●禮凡言「一就」皆謂一帀，故以「圍」爲「就」。舊本脫「也」字，今依戴本補。**即，半也。**即，一作助。

五四 **惙、怞，中也。**注「中」宜爲「忡」。忡，惱怖意也。

五五 **幬、蒙，覆也。幬，戴也。**注此義之反覆兩通者。「幬」字或作「燾」，音俱波濤也。●廣雅「薵」作「幗」，今之「幬」字。「蒙」作「幏」，説文本作「冡」，與「冢」別。

五六　堪、輂，音釘鋦。**載也。**注 輂轝，亦載物者也。●宋本作「封局」。

五七　搖、祖，上也。祖，搖也。祖，轉也。注 互相釋也。動搖即轉矣。●「搖」之爲上，如風從下上者謂之扶搖是也。「祖」之訓上，義亦易明，唯又訓搖、轉，似不相類。宋本「祖」作「柤」，義亦未詳。疑是「拞」字，渠列反，「拞撟」高舉皃，見楚辭遠遊，與「揭」同，此則三訓皆可通。但廣雅亦云「搖、祖，上也」，今且闕疑。注「即」字，戴本改作「則」。案，二字本多通用。末「矣」字，本亦作「也」。

五八　括、音适。●舊本「音活」，今從戴本。**關，閉也。**注 易曰：「括囊，無咎。」

五九　衝、俶，動也。

六〇　羞、厲，熟也。注 熟食爲羞。**厲，今也。**●戴云：「『今』當爲『矜』。」廣雅：「矜、厲，危也。』」

六一　**備、該，咸也。**注咸猶皆也。

六二　**噬，食也。噬，憂也。**

六三　**㑊，悸也。**注謂悚悸也。●玉篇：「㑊，祇佳、祇癸二切。」

六四　**虜、鈔，强也。**注皆强取物也。**鹵，奪也。**●「鹵」亦「虜」字，廣雅作「擄」。

六五　**鑈，**奴俠反。**正也。**注謂堅正也。

六六　**蒔、殖，立也。**●案，周語「以殖義方」，韋昭注：「殖，立也。」與此正合。左傳襄三十年鄭輿人誦「殖」與「嗣」協，釋文是吏反，與「蒔」聲亦相近。戴謂「殖」爲誤，從曹本作「植」，今不從。廣雅作「蒔」。**蒔，更也。**注謂更種也。蒔，音侍。●俗本作「音侍」，誤，今從宋本。

六七　**鬌**、除爲反。●説文：「鬌，髮隋也。」直追切。各本方言誤作「鬠」，宋本亦誤，并改爲「渠脂反」。又因誤而更誤矣。今從廣雅改正。**尾、梢，盡也。** 注 鬌，毛物漸落去之名。**尾，梢也。**

六八　**殗**、音喙。●各本作「音劇」，誤，今從宋本。**歙，**●音劇，説文作「歙」，又「㕁、㗗」，音訓亦相似，皆其别體。俗本作「𠲸」。**𠍴**●即「倦」字，本作「劵」。**也。** 注 今江東呼極爲殗。外傳曰：「余病殗矣。」●見晉語。今本「殗」作「喙」。

六九　**蠅**、音蛙。**律，**●廣雅作「葎」。**始也。**

七〇　**蕁、臧，厚也。**

七一　**遵、遼，**魚晚反。●宋本作「魚偃反」。**行也。** 注 遼遼，行皃也。

七二　**鑴**、音攜。**餟**，祭醊。●俗本誤作「鑴餟」。又「醊」作「餟」。今皆從宋本改。**餽也。**音饋。●案，「餽」即「饋」字，宋本「音饋」，今本皆作「音愧」。

七三　**餼**、香既反。**餯**，音映。●俗本誤作「餯」，今從宋本改。**飽也。**

七四　**愫**、度協反。**耇**，音垢。**羸也。**音盈。●案，「羸」與「盈」通。

七五　**趙**、**肖**，**小也。**

七六　**蚩**、**愮**，音遥。**悖也。**注謂悖惑也。

七七　**吹**、**扇**，**助也。**注吹嘘、扇拂，相佐助也。

七八　**焜**、**曅**，●本作「曅」，余涉反。**晠也。**注韡曅、焜燿，晠皃也。

七九　苦、翕，熾也。

八〇　蘊，崇也。蘊、嗇，●即「嗇」字。積也。注嗇者貪，故爲積。嗇、彌，合也。●「彌」，各本誤作「殄」，今据廣雅改正。

八一　翬、音揮。翻，●音喬。飛也。注翬翬，飛皃也。

八二　憤、目，盈也。●「目」，各本作「自」，今從宋本。

八三　譟、喚譟。●案，即「讙譟」。諻，從横。●案，「諻」亦作「喤」。「騶唱」謂之「引喤」，亦取其音。音也。

八四　攎、音盧。遫，音敕。●「遫」，舊竝作「遬」，今改正。張也。

八五　岑、夤，大也。岑，高也。注岑崟，峻皃也。

八六　效、 **眝，**音户。**文也。**注眝眝，文采皃也。

八七　鈵、音柄。**董，錮也。**注謂堅固也。●「錮」與「固」通，故注以「堅固」訓「錮」字。戴以「錮」爲「固」之訛，非。

八八　抙、●各本作「扜」。案，説文：「扜，指麾也。」億俱切。廣韻「扜」有況于、億俱二切，皆訓「指麾」；又有「抙」字，「苦胡切〔一〕，揚也」。今据改正。**搷，**音填。**揚也。**注謂播揚也。

八九　水中可居爲洲，●古只作「州」字，後人始加水。**三輔謂之淤，**音血瘀。注上林賦曰：「行乎洲淤之浦。」●舊本多作「州淤」，今史記本卻作「洲淤」。注末俗本有「也」字，宋本無。**蜀漢謂之𣿉。**手臂。●各本「𣿉」誤作「孌」，今据玉篇、廣韻改正。

〔一〕苦：匯函本作「若」，誤。

九〇 **殹，**音翳。**幕也。** 注 謂蒙幕也。●案，「幕」當「冪」字誤，注同。「冪」，莫歷反，與「幎」同。亦作「冪」，「蒙冪」，唐杜少陵詩中用之。

九一 **刳，**音枯。**狄也。** 宜音剔。●案，「狄、剔」古亦通用。

九二 **度**●徒洛反。**高爲揣。** 裳絹反。●左傳釋文音丁果、初委二反。

九三 **半步爲跬。** 差箠反。

九四 **半盲爲睺。** 呼鉤反，一音猴。

九五 **未陞天龍謂之蟠龍。**

九六 **裔，夷狄之總名。** 注 邊地爲裔，亦四夷通以爲號也。

九七　**考，引也。**

九八　**弼，高也。**

九九　**上，重也。** ●「上、尚」通。

一〇〇　**箇，**古餓反。**枚也。** 注 謂枚數也。●「謂」，舊誤作「爲」，今改正。

一〇一　**一，蜀也。南楚謂之獨。** 注 蜀猶獨耳。

輶軒使者絶代語釋别國方言第十三

一　**裔、歷，相也。裔、旅，末也。**

二　**䚹、緣，廢也。**●爾雅釋詁：「䚹劉，㬥樂也。」詩大雅桑柔篇毛傳作「爆爍」，釋文：「『爆、㬥』同，音剥。『樂』，或又作『落』。」戴云：「『緣、捐』同音，皆與『廢』義相近。」

三　**純、毣，**音沐。**好也。**注毣毣，小好皃也。

四　**藐、**音邈。**素，廣也。**注藐藐，曠遠皃。**藐，漸也。**

五　**躪、**踊躍。**拼，**拯拔。**拔也。出休爲拼，**●説文：「休，没也。」砮歷切。案，今作「溺」。**出火爲躪也。**拼，一作「拯」。躪，一作「蹫」。●舊本「拯」誤作「椒」，今改正。

六 炖、託孫反。烞、音閴。煓，波湍。𤑔●舊本「赫」字如此，仍之。貌●戴云「貌」字衍。也。注皆火盛熾之皃。

七 憤、窾，孔窾。阨烏革反。也。注謂迫阨。

八 杪、眇，小也。

九 譴、音沓。●廣雅曹憲音讀。㖞，謗也。注謗言，噂譴也。

一〇 蕆、敕、戒，備也。注蕆亦訓敕。

一一 摵、音縮。摯，音致。到也。

一二 㥏、●舊本誤作「聲」，今据廣雅改正。説文云：「忘而息也。」於檻切。腆，忘也。

一三　**黮**、度感反。**䵳**，莫江反。**私也。** 注 皆冥闇，故爲陰私也。

一四　**䶀**、音堪。**喊**、音減。**㖃**、荒麥反，亦音郁。**唏**，虚几反。●俗本「虚」誤作「靈」，今從宋本。**聲也。**

一五　**筡**、音涂。**箄**，方婢反。**析也。析竹謂之筡。** 注 今江東呼篾竹裹爲筡，亦名爲筤也。●「筤也」，舊本誤作「筡之也」，今從戴本改正。説文：「筡，折竹筤也。」「民[一]，武盡切。竹膚也。」

一六　**䶜**、音逵。**宵**，音蕭。●俗本作「音蹻」，今從宋本。戴云：「宵、嗾一聲之轉。嗾，使犬聲。」文弨案，使犬曰哨，音騷，見卷七。**使也。**

一七　**蠢**，**作也。** 注 謂動作也。

[一] 民：當作「筤」。

一八　**忽、達，芒也。** 注 謂草杪芒䠶出。● 「䠶」與「射」同。詩周頌載芟毛傳云：「達，射也。」

一九　**芒、** ● 廣雅作「亡」。**濟，** ● 俗「濟」字，本當作「擠」。**滅也。** 注 外傳曰：「二帝用師以相濟也。」● 見晉語。韋昭注：「『濟』當爲『擠』，滅也。」莊子人閒世篇：「故其君因其脩以擠之。」釋文引方言即作「擠」字。

二〇　**劇、**音廓。**劉，**音儷。**解也。**

二一　**魏，能也。** ● 案，周書謚法解：「克威捷行曰魏，克威惠禮曰魏。」與此訓「能」義合。

二二　**㪿，刻也。** ● 「㪿」，舊本並作「㪿」，疑「析」之異文。戴從永樂大典作「㪿」，云：「集韻『㪿』下引方言：『刻也，謂相難折。』似兼引注文，而此脱去。」文弨案，廣韻：「㪿，餘制切，合板㪿縫。」

二三　**聳，**山項反。●與卷六音同，宋本作「山拱反」，誤。**悚也。**注謂警聳也。

二四　**跌，蹷也。**注偃地也，江東言踻。丁賀反。●「偃地也」，各本誤「偃地反」，宋本作「徒結反」，似因「反」字而妄改之。

二五　**蘪，蕪**音無。●各本「音務」，今從宋本。**也。**注謂草穢蕪也。

二六　**漫、淹，敗也。溼敝爲漫，水敝爲淹。**注皆謂水潦漫澇壞物也。

二七　**鼜，**音狸。**痗，**亡改反。●舊本作「塨」，戴据廣雅、玉篇、廣韻改。亦通作「每」。**貪也。**

二八　**攋、**恪潁反。**挻，**音延。●案，説文：「挻，長也。」式連切。音義竝相近。戴謂「挻」無「延」音，改作「挻」，今不從。**竟也。**

二九　**讙喘，轉也。** 注 讙喘，猶宛轉也。

三〇　**困、胎、健，**音鞭撻。● 舊本誤作「健」，今改正。**逃也。** 注 皆謂逃叛也。

三一　**隋、毻，**他臥反。**易也。** 注 謂解毻也。● 案，李善注枚乘七發引方言注「墮，懈墮也」，當即此注。正文「易」當音以豉反，廣韻「毻，鳥易毛也」，又似當讀如字。

三二　**姚**音遥。**娧，**● 曹憲音廣雅通外反。**好也。** 注 謂妦悦也。● 「姚娧」，舊本誤作「朓説」，今從廣雅改正。注「妦」，舊本誤作「姅」。姅，變婦人污也，於義何取？案，詩鄭風釋文：「丰，面貌豐滿也，方言作『妦』。」今見卷一注「謂妦容也」，此「妦悦」義正同，今改正。

三三　**憚、怛，惡也。** 注 心怛懷，亦惡難也。● 「怛」，當音得爛反。注「懷」，舊本並誤作「懐」。案，卷七「憎、懹，憚也，陳曰懹」，廣雅「憎、懹、憚，難也」，攘，人尚反。今據改正。注「惡難」，當音烏路、乃旦二反。

三四　**吳，大也。**●戴案：「詩周頌絲衣：『不吳不敖。』毛傳：『吳，譁也。』說文：『吳，大言也。』釋文云：『何承天云：「吳字誤，當爲吳，從口下大，故魚之大口者名吳，胡化反。」』此音恐驚俗也。」据此，「吳」當如字讀。

三五　**灼，**●廣雅作「㣼」，同。**驚也。**注猶云恐灼也。●注中「灼」，舊本作「熵」，字書無此字，今從戴本改正。

三六　**賦，動也。**注賦斂所以擾動民也。

三七　**𤺌，**許畏反。●各本「許」作「巨」，今從宋本，與前卷十二「㻯」音義同。**極也。**注江東呼「極」爲「𤺌」，「倦」聲之轉也。

三八　**煎，盡也。**

三九　**爽，過也。**注謂過差也。

四〇　**蟬，毒也。**●戴云：「『蟬』即『慘』聲之轉。」

四一　**慘，悄**音遒。**也。悄，惡也。**注 慘悴，惡事也。●各本誤音「酒」，今從宋本。

四二　**還，積也。**●案，「還」，胡關反。楊倞注荀子成相篇「比周還主黨與施」云：「環繞。」案，猶環繞積聚之意。

四三　**宛，**音宛樂也。**蓄也。**●戴云：「案，郭璞葬書『宛而中蓄』，正合此義。」舊本「音宛樂也」作「謂宛樂也」，後人又增「音婉」二字於下。案：「廣韻『惋、宛』同音，注云『歡樂』，然與『宛蓄』絶不相蒙。『謂』，當『音』字之誤。」〔一〕

四四　**類，法也。**●已見卷七内。各本無此三字，宋本有之。書中重見者多矣，後人删去之，非也。

〔一〕自「廣韻」至此，亦引自戴疏。

四五　猴，音侯。**本也。**注今以鳥羽本爲猴。

四六　懼，病也。●凡性怯者，亦人之病也。又或「懼」轉爲「癯」。**懼，驚也。**●案，「懼」與「瞿」通。莊子庚桑楚篇：「南榮趎懼然顧其後。」章懷注後漢書申屠剛傳、袁安傳「懼然」皆云：「驚也。」据此，不必改作「瞿」。

四七　葯，音决的。●宋本如此，戴本改作「音約」。**薄也。**注謂薄裹物也。葯猶纏也。●戴本据徐爰注潘岳射雉賦引此，「薄」皆改作「纏」，非也。若作「纏」字，其義易明，何用費詞如此乎？

四八　𦠆，短也。注便旋，庳小皃也。

四九　掊，深也。注掊尅，深能。

五〇　涅，休也。●各本「涅」誤作「湼」，今從廣雅改正。曹憲音乃結反。

五一　**撈，**音料。**取也。** 注 謂鉤撈也。● 曹憲音廣雅「撈」：「音牢，又力幺反。」

五二　**摸，**音莫。● 各本「摸」誤作「膜」，今從廣雅改正。**撫也。** 注 謂撫順也。

五三　**由，式也。**

五四　**猷，詐也。** 注 猶者言，故爲詐。●「猶」與「猷」同。

五五　**萑，隨也。**

五六　**揣，試也。** 注 揣度試之。

五七　**頖，**巨廩反。**怒也。** 注 頖頖，恚皃也。

五八　埝，音坫肆。●廣雅音乃頰反。下也。注謂陷下也。

五九　讚，解也。注讚訟，所以解釋理物也。

六〇　賴，取也。

六一　抍，音鉗。業也。注謂基業也。

六二　帶，行也。注隨人行也。

六三　濂，●爾雅釋文引作「㾾」。空也。注濂㝗，空皃。「濂」或作「歉虛」字也。●「濂㝗」〔一〕，各本誤作「濂䆞」，今從爾雅疏所引改正。説文云：「㾾，屋㾾㝗也。」注「字」字，疑衍。司馬相如長門賦「㯤梁」李善注引「㾾虛也」。然則「㝩㝗」從宀，從穴，義竝同耳。

〔一〕㝗：據郭注當作「㝗」。下引説文亦誤。匯函本不誤，當改正。

六四　湛，安也。注湛然，安皃。

六五　嘘，音詈。樂也。注嘘嘘，歡皃。

六六　惋，音婉。歡也。注歡樂也。

六七　衎，音看。定也。注衎然，安定皃也。

六八　膊，魚自反。腮也。●相力反。注謂息肉也。

六九　讟，亦音讀。●前音「沓」，故此言「亦」。痛也。注謗誣，怨痛也。

七〇　鼻，始也。嘼之初生謂之鼻，人之初生謂之首。梁益之閒謂鼻爲初，或謂之祖。祖，居也。注鼻、祖皆始之別名也，轉復訓以爲「居」，所謂代語者也。

七一　**充，養也。** 注 ●各本「充」誤作「茺」，今從廣雅改正。

七二　**翳，掩也。** 注 謂掩覆也。

七三　**臺，支也。**

七四　**純，文也。**

七五　**祐，亂也。** 注 亂宜訓治。●未詳。

七六　**恌，**音遥。**理也。** 注 謂情理也。●案，「恌」廣韻餘昭切，與「愮」同。憂也、悸也、邪也、惑也，前「愮」訓憂，亦訓療治，此「理」亦當謂「理其情耳」。

七七　**蘊，晠也。** 注 蘊藹，茂皃。

七八　**搪，**音堂。**張也。**注謂彀張也。

七九　**惲，**嘔憤反。**謀也。**注謂議也。

八〇　**陶，養也。**●已見卷一内。

八一　**㯕，**音禁惡。**格也。**注今之竹木格是也。●「㯕、格」，俗本誤皆手旁作，今從宋本改正。

八二　**䚯，曉，明也。**

八三　**扱，擭也。**注扱猶汲也。●説文：「扱，楚洽切。收也。」「擭，一虢切。握也。」「汲」，各本誤作「級」，今從宋本。

八四　**扶，護也。**注扶挾，將護。

八五　**淬**，作憒反。**寒也。**注淬猶淨也。●廣雅「淬」作「淬」，曹憲音七碎反。

八六　**瀙**，初兩、禁耕二反。**淨也。**注皆冷皃也。●「瀙、淨」，舊本皆仌旁作，字書未見。

八七　**漉，極也。**注滲漉，極盡也。

八八　**枚，凡也。**●各本「枚」誤作「牧」，今据廣雅改正。

八九　**易，始也。**注易代，更始也。●變易、交代皆更始也。月令云：「數將幾終，歲且更始。」

九〇　**道，周也。**注謂周轉也。

九一　**黯**，音奭。**色也。**注黯然，赤黑皃也。

九二　恬，靜也。注恬淡，安靜。

九三　禔，音祇。**福也。**注謂福祚也。**禔，喜也。**注有福即喜。

九四　攋、洛旱反。●廣雅音賴。玉篇、廣韻竝從示〔一〕。**隓，**許規反。●即今墮隳字。**壞也。**●案，太玄度次二：「小度差差，大攋之階。」范望注以「大傾」解之，正與此義合。釋文亦音「賴」。

九五　息，歸也。

九六　抑，安也。

九七　潛，亡也。

〔一〕此句與本條無涉，疑此校語當在上條「音祇」下。

九八　曉，過也。曉，嬴也。

九九　𪘐，音肬贅。●案，各本「音剟」，今從宋本。廣韻與「拙」同音，云：「倔𪘐，短皃。」短也。注蹶𪘐，短小皃。●案，淮南子人閒訓：「聖人之思脩，愚人之思叕。」高誘注：「叕，短也。」當與「𪘐」同，彼無音，俗本音哲，非也。

一〇〇　隑，音剴切。陭也。●文弨案，「陭」當讀爲「倚」。説苑建本篇云：「本不正者未必陭。」注江南人呼梯爲隑，所以隑物而登者也。●今杭人有「割愛」一音，亦「剴」之轉也。

一〇一　迒，胡郎反。長也。注謂長短也。迒，迹也。注爾雅以爲兔迹。

一〇二　賦，臧也。●賦斂所以爲收藏也。

一〇三　蘊，音温。饒也。

一〇四　芬，和也。 注 芬香，和調。

一〇五　擣，依也。 注 謂可依倚之也。● 丁云：「史記龜策傳：『上有擣蓍，下有神龜。』索隱：『擣，音逐留反。擣蓍即藂蓍，擣是古稠字。』案，稠概是相爲依倚也。」**依，禄也。** 注 禄位可依憑也。

一〇六　䐈，腯音腞，亦突。**也。** 注 腯腯，肥充也。● 案，「腞」與「腯」同，此音「腯」爲「腞」，當讀徒本反。曲禮下釋文云：「腯，徒忽反，本或作腞。」今本釋文「腞」誤作「豚」，得此正之。

一〇七　盬、音古。**雜，猝也。** 注 皆倉卒也。

一〇八　蹣，音藥。**行也。** 注 言跳蹣也。● 「言」，各本作「音」誤，今從宋本。

一〇九　盬，且也。 注 盬猶䀀也。● 戴云：「『盬』，讀爲『姑息』之『姑』。廣雅作『嫴』，皆古字假借通用。禮記內則篇：『姑與之而姑使之。』鄭注：『姑猶且也。』『䰻』[一]，舊本誤作『䰻』，曹毅之本作『䱟』，玉篇、廣韻皆云『息也』，定作『䱟』。」文弨案，集韻有「䰼」字，音「祚」，「且往也」，義亦近之，即「䰻」，亦不必定作「䱟」，隸書於「據」字亦作「攄」，似可通。

一一〇 抽，讀也。

一一一 幐，託也。

一一二 適，牾也。注相觸迕也。

一一三 埤，音畀。●各本「埤」誤手旁作，今從廣雅改正。予也。注予猶與。

一一四 彌，縫也。

[一] 䰻：依戴震疏證當作「䰻」。

一一五　**譯，傳也。譯，見也。**注傳宣語，即相見。

一一六　**梗，略也。**注梗概，大略也。

一一七　**臆，滿也。**注愊臆，氣滿之也。

一一八　**隅，**音罵。**益也。**注謂增益也。

一一九　**空，待也。**注來則實也。

一二〇　**珇，**音祖。**好也。珇，美也。**注美好等互見義耳。

一二一　**嫗，色也。**注嫗煦，好色皃。

一二二 **闓，開也。**注謂開門也。●已見卷六内。

一二三 **靡，**音麋。或作摩滅字。●案，「靡」，敝；，音麋。故爲「滅」義。「摩滅」當音磨，本亦作「𢴍」。**滅也。**

一二四 **菲，**音翡。**薄也。**注謂微薄也。

一二五 **腆，厚也。**

一二六 **媟，狎也。**注相親狎也。

一二七 **芋，**香于反。**大也。**注芋猶訏耳。

一二八 **煬、**音恙。**翕，炙也。**注今江東呼火熾猛爲煬。**煬、烈，暴也。**

一二九　**馺，**索苔反。**馬馳也。**注馺馺，疾皃也。

一三〇　**選、延，偏也。**●舊本「徧」誤作「偏」，今依廣雅改正。

一三一　**㴊，索也。**注盡也。●「㴊」訓盡，見卷三内。

一三二　**晞，燥也。**

一三三　**梗，覺也。**注謂直也。

一三四　**萃，集也。**●已見前卷三内。

一三五　**睨、**俾倪。●宋本作「睥睨」，同。**曎，**音亦。●宋本「音釋」，非。案，「曎」當作「圛」。詩齊風載驅篇鄭箋云：「圛，明也。」圛，音亦。**明也。**

一三六　**暟**、呼亥反。●俗本作「呼凱反」誤，今從宋本。廣韻：「暟，苦亥反。」從白非也。**臨，照也。**●各本「照」誤「昭」，今据廣雅改正。**暟，美也。**注暟暟，美德也。

一三七　**箄**、必氏反。●俗本作「方氏反」誤，今從宋本。**簍**、音縷。**籅**、音餘。**筥，**弓弢。**䈪**古管字。**也。江沔之閒謂之籅，趙代之閒謂之筥，淇衞之閒謂之牛筐。**注淇，水名也。**䈪，其通語也。䈪小者，南楚謂之簍，自關而西秦晉之閒謂之箄。**注今江南亦名籠爲箄。

一三八　**籠，南楚江沔之閒謂之篣，**音彭。注今零陵人呼籠爲篣。**或謂之笯。**音那墓反。●舊本作「音都墓」，無「反」字，今從戴本。注亦呼籃。

一三九　**篖，**注盛餅筥也。●「餅」即「飯」字，俗本誤作「餠」，今從宋本改正。**南楚謂之筲，**今建平人呼筲爲鞭鞘。**趙魏之郊謂之去簇。**注今通語也。●「去」，各本作「去」，今從宋本。案，「去簇」，儀禮士昏禮鄭注作「筶簏」，説文作「𠙴盧」，皆同。

一四〇　**錐謂之鍣。**廣雅作「鉊」字。

一四一 **無升謂之刀斗。** 注 謂小鈴也。刀音貂，見漢書。● 戴云：「案，史記李將軍列傳集解引孟康説，以刀斗爲鐎器；索隱引埤蒼云：『鐎，温器，有柄，斗似銚，無緣。』據此則『無升』當作『無緣』。又上當有『銚』字。」文弨案，「刀斗」今作「刁斗」。据佩觿及復古編，則「刀」字本有兩音，都牢、丁聊二反，俗始别爲「刁」耳。

一四二 **匕謂之匙。** 音祇。

一四三 **盂謂之櫂。** 子殄反。**河濟之間謂之盌𥂕。** ● 於干、才丹二反。**椀謂之盦。** ● 渠嬌反。**盂謂之銚鋭，** 謡音。● 亦見前卷五内。**椀謂之梋抉。** 蠲、決兩音。● 舊本作「木謂之涓抉」誤，今「椀」字從宋本，「梋抉」從廣雅，皆改正。注 椀亦盂屬，江東名盂爲凱，亦曰甌也。

一四四 **餌謂之餻，或謂之餈，或謂之餘，** 音鈴。**或謂之餣，** 央怯反。**或謂之䬼。** 音元。

一四五 **餅謂之飥，** 音託。● 俗本誤「音乇」，今從宋本。**或謂之餦餛。** 長、渾兩音。

一四六　餳●説文：「餳，从食，昜聲。」徐盈切。案，「昜」聲殊不相近，自當從昜。劉熙釋名云：「餳，洋也。」諧聲取義。周禮小師釋文餳辭盈反，又云：「李音唐。」徐盈、辭盈，其音近「精」，與「唐」實一聲之轉。戴信説文，以辭盈、辭精反者「从易」，音唐者「从昜」，今不從。謂之餦餭。注即乾飴也。飴謂之餃。音該。䭓●於勿、於月二反。謂之䭔。音髓。注以豆屑雜餳也。餳謂之餹。音唐。注江東皆言餹。凡飴謂之餳，自關而東陳楚宋衛之通語也。

一四七　𪍪、音哭。麳、音才。䵃、于八反。麰、音牟。注大麥麴。䴽、音脾。注細餅麴。𪎊、音蒙。注有衣麴。麳，音餜。注小麥麴爲麳，即麲也。●各本「音餜」誤作「䴵音」。又「麲」誤作「䴵」。今俱從宋本改正。「麲」，胡昆、户版二反。麴也。自關而西秦豳之間曰𪍪；注豳即邠。音斌。●舊本「豳」作「𨝭」，係沿俗體。据此注，「豳、邠」可通用，至唐明皇時始專用「邠」字耳。晉之舊都曰麳；注今江東人呼麴爲麳。齊右河濟曰䵃，或曰麰；北鄙曰䴽。麴，其通語也。●「齊」當作「𠫤」，已見前。

一四八　屋梠謂之欞。音鈴。注雀梠即屋檐也，亦呼爲連綿。

一四九　**甂**今字作甍，音萌。**謂之甑。**音霤。注 即屋檼也。● 檼，於靳反。

一五〇　**冢，秦晉之閒謂之墳，**注 取名於大防也。**或謂之培，**音部。**或謂之堬，**音臾。**或謂之埰，**● 各本作「采」，戴從曹毅之本作「埰」，與廣雅同。古通用。注 古者卿大夫有采地，死葬之，因名也。**或謂之埌，**波浪。**或謂之壠。**注 有界埒似耕壠，因名之。**自關而東謂之丘，**● 舊本誤作「廿」，今從宋本改正，下同。**小者謂之塿，**洛口反。注 培塿，亦堆高之皃。**大者謂之丘，**注 又呼冢爲墳也。**凡葬而無墳謂之墓，**注 言不封也。墓猶慕也。● 各本脱「墓猶慕也」四字，今從宋本補。**所以墓謂之墲。**注 墲，謂規度墓地也。漢書曰「初陵之墲」是也。● 案，所引漢書見楚元王傳。劉向疏「墲」作「橅」，音同。

方言校正補遺

卷二

八　秦晉曰靡。注：靡，細好也。●王逸注宋玉招魂「靡顔膩理」云：「靡，緻也。」李善注陸士衡文賦「言徒靡而弗華」云：「靡，美也。」又引薛君韓詩章句曰：「靡，好也。」皆不作「靡」。

一一　抱娩。一作嬔，孚萬反。●戴東原云：「各本『孚』訛作『追』，今從曹毅之本。」文弨：今見李文授本亦是「追萬反」。

一六　餬、託、庇、寓、媵，寄也。齊魯宋衛云云。●李文授本作「齊衛宋魯」，與今本同。

二六　鋠、攐。●二字左思蜀都賦、謝靈運山居賦皆用之。

卷三

七　斟、協，汁也。●李文授本「協」正從十。

九　魯齊之閒謂之羲。●李文授本「閒」作「郊」。

一一　莱。●李文授本正從艸。

二八　杌，仇也。●集韻引此「杌」作「执」。案，太玄内初一「謹于嬰执，初貞後寧」范望注：「执，匹也。」釋文：「执，音仇，又音救。」則作「执」未嘗不是。

三七　軫，戾也。注：相了戾也。●許慎注淮南原道訓云：「抮，了戾也。」見道藏本，但誤「抮」爲「抱」耳；其「了戾」不誤，今本乃誤作「引戾」。又楊倞注荀子修身篇「轚戾」云：「猶了戾也。」宋本、世德堂本皆不誤；元人纂圖互注本誤作「子戾」，字形猶相近。至近本，竟誤改爲「乖戾」矣，獨方言本自宋至今皆不誤，乃反從李善文選注誤字而改此文，不思之甚。

三九　譁，罪也。●李文授本正作「譁」。

五二　或謂之䙫。一音圭。●案，郭氏注穆天子傳：「䙫，音圭。」

卷四

五　或謂之袯。●李文授本「音撥」。

一五　無袂衣謂之裺。●李文授本「衣」上有「之」字，與近本同。

二六　袒飾謂之直衿。●李文授本正作「衿」，注同。注有「所著上」及「音但」五字。

四一　自關以西秦晉之郊曰絡頭。●「以」，各本作「而」，今從李文授本。

卷五

三一　或謂之環。●李文授本無下「檈」字。

三二　或謂之䈇。注：今云折篾篷也。●李文授本「篷」正從竹。

卷六

二　秦晉之閒謂之聵。注：言聉無所聞知也。●李文授本「聉」字不誤。

二　其言聧者。●戴本「聧」改作「聵」，與上同。今案，李文授本此亦省文作「聧」。

一〇　龕。●案，説文：「龕，从龍，合聲。」顧寧人云：「合，平聲，則音含。釋名：『含，合也。合口停之也。』詩棠棣『合、琴、翕、湛』，平入同用。續漢輿服志：『闟之言函也。』皆可證。」据此，則當从合爲是。

一四　陁。音蟲豸。●李文授本此下有「未曉」二字，亦衍。

一九　或曰狙。注：狙伺也。●孫詒穀云：「史記留侯世家『良與客狙擊秦皇帝』，服虔、應劭注竝以『狙』爲『伺』，索隱云：『狙之伺物，必伏而候之。』解尤明白可證。」文弨案，「狙」，應劭七豫反，徐廣七恕反，近人讀「疽」。少陵詩：「慎勿出口他人狙。」

二四　僥。●李文授本皆作「僥」。

卷七

一二　斯、掬，離也。●文弨案，「羾」爲古「播」字。漢幽州刺史朱君碑：「羾徽馨。」魏横海將軍吕君碑：「遂羾聲亏方表。」可證。亦有作「𥝱」字者。九歌湘夫人云：「𥝱芳椒兮成堂。」洪興祖云：「𥝱，古播字，本作羾。」

一六　儦。●案初學記引作「穮」。

二七　茹，食也。注：麤食。●李文授本作「粗食」。

卷八

八　其小者謂之𪃑鳩。●案廣韻二十二昔有「𪃑」字，與「役」同紐，云：「𪃑，鳩鳥。」

八　或謂鶟鳩。●戴本「或謂」下增一「之」字，與前後句一例。

九　鷇。音域。●俗本「音或」。李文授本正作「域」。

一二　自關而東謂之鸋鳩。●孫詒穀曰：「『自關而東』四字不應重出。爾雅疏『幽人或謂之鸋鳩』，『幽』下但脱一『州』字耳。」文弨案，官本爾雅疏有「州」字。又「甯、玦兩音」，李文授本「甯」作「寧」。

一四　鷙鷱。鷙，音指辟。●李文授本「音挾辟」，亦未曉。

一七　雞雛，徐魯之間謂之秋子。●案，許慎注淮南原道訓云：「屈，讀如秋雞無尾屈之屈。」「秋雞」即此「秋子」。

卷九

一八　轄軑，錬鏅也。●文弨案，李文授本作「錬鏅」，「錬，音東」。郭忠恕佩觿云：「以錬鏅之錬德紅翻。爲鍛錬，來見翻。其順非有如此者。」案，説文無『錬』字，集韻、篇海有之，不足爲據。」郭亦沿舊本方言之誤，此必當改正者。

二一　鐏音頓。謂之釬。●「音頓」二字，舊在注「或名爲鐓」下。案，説文「錞」，音徒對切，「鐏」，音徂寸切，則「音頓」二字自是「鐏」字之音無疑。

二二　方舟謂之𦪕。注：揚州人呼渡津舫爲杭，荆州人呼𦪕。●戴本「杭」與「𦪕」又互訛，此梓時失於讎校所致，今正之。

二三　所以縣櫂謂之緝。●李文授本無音。

二二　艗音亦。艒。●李文授本作「艗首」，「音亦」作「音匿」。

卷十

三　江湘之間謂之無賴。●李文授本「之間」下亦有「或」字，張湛注列子所引無其〔一〕。裴駰、顔師古竝作「或曰」云云，不云方言文。

三　或謂之嘍㞙。注：潛潛狡也。●上「潛」字疑當作「言」，與下注一例。

四　崽者，子也。注：崽音枲。●案，「子」音與「枲」相近，故注又云「聲之轉也」。下注「崽聲如宰」者，郭殆指湘沅之語則然。且一字無妨有兩音，如「茝」音芷，亦音昌改反，即其例也。中原言「子」自有本音，不得謂「子聲如宰」。今大河以北謂畜類所生曰「崽子」，聲正如「宰子」矣。

〔一〕「其」下似脱一「字」字。抑「其」爲「之」之訛？

五　誺，不知也。●案，灰咍本與支脂之等韻通。今檢經書，有「來」字者：易咸九四「憧憧往來，朋從爾思」，損六二、上九「自外來也」，與「之」辭協；既濟九五「吉，大來也」，與「疑、時」協；若詩尤多，如終風之二章，雄雉之三章，君子于役之首章，子衿之二章，白駒之三章，頍弁之二章，皆是；儀禮士冠禮「醮辭兄弟具來」，與上「時」下「之」協；少牢饋食禮「嘏辭來女孝孫」，鄭注讀「來」爲「釐」，陸氏釋文云：「依注，音力之反，劉亦音力代反。」則「誺」從來非誤甚明。

一四　淮汝之閒謂之投。●李文授本「投」亦作「役」，注作「江東又呼撅，音橜」。

卷十一

一　或謂之蝭蟧。●李文授本「蝭音啼」，初學記所引同。又下注「蟪蟧」，李本同，初學記作「蝭蟧」。

二　蟪謂之寒蜩。注：似蟬而小，色青。●李文授本亦作「似小蟬而色青」。

三　蛄諸。●李文授本亦誤作「蛄詣」。

三　螻螲謂之螻蛄。●列子周穆王篇殷敬順釋文引隋祕書王邵讀書記云：「螻蛄，古本多作女旁者，方言亦同。」

六　蛄䗅謂之强蝆注。●孫詒穀案：「爾雅釋文：『蝆，郭音芉，亡婢反。本或作芉。』說文作『芉』；字林作『蝆』，弋丈反，云：『搔蝆也。』是郭不音羊明甚。」文弨案，李文授本作「建平人呼芉子，音米。芉即姓也」。舊校此，依類聚本讀爲羊，與宋本亦不合，應改正。御覽九百四十九引方言作「强芉」。

一〇　蠀螬謂之蚇蠖。●御覽引郭注云云，見卷九百四十五，乃陸璣毛詩義疏所引，唯「有呼步屈」四字爲郭注，餘皆陸氏語。御覽郭璞提行誤。詩小苑正義引陸璣云：「螟蛉者，桑上小青蟲也，似步屈，其色青而細小，或在草葉上。」可證。御覽卷九百四十八「尺蠖」下引郭璞曰：「步屈也。」則知竝無脱文。

一一　其大而蜜者。●李文授本無「者」字，御覽卷九百五十所引亦無。

一五　或謂之蝪蠾。●案，太平御覽卷九百四十九引此句，「蝪」音長，「蠾」所宜切。又下「蚨虷」誤作「蚗」，音「抉于」。李文授本作「蚨虷」，「扶、迂二音」是也。曹憲音廣雅作「蚷紆」，尤可證。

卷十二

一六　湿、歇。●李文授本「歇」下作「許竭」二字。又注「謂渴也」，「渴」作「竭」。

二九　滓。●李文授本及各本竝作「滓」，誤。

三〇　嫣。居爲反。●李文授本同。俗本作「居僞反」，非。

四七〔一〕　葯，薄也。注：謂薄裹物也。●案，左定九年傳「陽虎借邑人之車，鍥其軸，麻約而歸之」，可以證「薄裹」之義。若莊十二年傳「犀革裹長萬」，則直謂之「裹」，不可以言「約」矣。郭於第三卷「廛」下云：「音纏約。」蓋舉人所易曉者以相況，惡有於此諄複不置者乎？且正文既云「葯，纏也」，注乃云「猶纏裹也」，即一「猶」字，已致難通。

七七　蘊，晠也。●李文授本正文「蘊」作「藴」。

八三　扱。注：猶汲也。●李文授本「汲」亦誤作「級」。

九一　黯。注：赤黑皃也。●李文授本「赤黑」亦作「赤色」，戴據玉篇、廣韻定作「赤黑」。案，廣韻在二十四職許極切。

一〇〇　隑。音剴切。●案，各本「隑」下無「音」字，於注末又複出「音剴切也」四字，今

〔一〕　此條及以下五條當在十三卷，盧氏誤植於此。今仍其舊，不予移正。

删其複，猶賸一「音」字，當并去之。

一〇六　腻，脂也。●文弨案，腻，各本誤從日，唯李文授本作「腻」。卷一内有「肥腻」語，正與此合。

三五　怚。音驕怚。●案，淮南氾論訓「段干木，晉國之大駔也」，許慎注云：「駔，驕怚。」李善注文選嵇康幽憤詩引説文曰：「『嫭，嬌也。』『嫭』與『姐』同耳，子豫切。」案，今本説文「將預切」。然則「怚」與「駔、嫭、姐」皆通用，「嬌」即「驕」也。

六六　蒔、殖，立也。●李文授本「殖」作「植」。又，「音侍」亦作「音侍」。

七三　鏍。音映。●李文授本「音影」。

八九　水中可居爲洲。●注中「洲淤」，李文授本作「州淤」，句末有「也」字。

卷十三

二二　㪗，刻也。●李文授本正作「㪗」。

四二　還，積也。●案，「還」與「環」同。鄭注儀禮士喪禮云：「古文環作還。」左襄十年傳：「諸侯之師還鄭而南。」杜注云：「還，繞也。」釋文云：「本又作環。」哀三年傳：「道還公宫。」公羊傳云：「以道還之也。」又云：「師還齊侯。」竝同。

一四六　餳謂之餦餭。●案，「餳」從昜，古音唐，亦或讀爲「辭精、辭盈、夕清」等切者，以陽唐庚耕清本相通也。李善注文選王僧達祭顔光禄文引郭璞三倉解詁曰：「楊音盈，與上聲下英協韻。」玉篇：「瑒，雉杏切，又音暢。」可知凡字從昜者，皆有兩音。説文從昜，偶脱中閒一畫耳，不可執是過生分别。詩有瞽釋文引方言「餦餭」作「張皇」。

李刻方言後序

西漢氏古書之全者，如鹽鐵論、揚子雲方言，其存蓋無幾。鹽鐵論，前輩每恨其文章不稱漢氏，惟方言之書最奇古。

孟傳頃聞之，曾文清公●曾幾，字吉甫，章貢人，謚文清。有茶山詩集十五卷。孟傳娶其孫女。嘗以三詩答吕治先，●名大器，茶山之壻，是生東萊先生祖謙，字伯恭。有云：「傷心昨夜杯中物，不對王郎對影斟。」●今所輯茶山集内無此詩，初疑句有誤。孫詒穀云：「上四字略讀乃恍然。」紫微吕居仁●名本中，吕伯恭之伯祖。次韻云：「書來冐際銅魚使，記我今年病不斟。」自注云：「出子雲方言。」今所在鏤板輒誤作「病不禁」。●困學紀聞所載同。此書世所有，而無與是正，知好之者少也。山谷詩云：「追隨富貴勞牽尾。」乃用太玄經語。●太玄勤首次：「七勞牽不得，其鼻於尾弊。」測曰：「勞牽之弊，其道逆也。」紹興初，胡少汲、洪玉父、李文若諸人校黄詩刊本，乃誤作「榮牽尾」，自此他本遂承誤。「鬱蒼蒼」三字，文人多愛用之，亦或鮮記其出於太玄。●太玄玄數三八「爲竹爲草」注「鬱蒼蒼」也。

大抵子雲精於小學，且多見先秦古書，故方言多識奇字，太玄多有奇語，然其用之，亦各有宜。子雲諸賦多古字，至法言、劇秦所用則無幾。古人文章，蓋莫不然：西漢一書，唯相如、子雲等諸賦；韓退之文，唯曹成王碑；柳子厚自騷詞、晉問等。他皆不用古字。本朝歐文忠、王荆公、蘇長公、曾南豐諸宗工，文章照映今古，亦不多用古字。得非以爲古文奇字聲形之學，雖在所當講，而文律之妙則不專在是；若有意用之，或返累正氣也耶？學者要知所以用之，當其可，則盡善耳。

今方言自閩本外不多見，每惜其未廣。予來官尋陽，有以大字本見示者，因刊置郡齋，而附以所聞一二，蓋惜前輩之言久或不傳也。慶元庚申仲春甲子，會稽李孟傳書。

●戴云：「孟傳，字文授，上虞人。父光，字泰發，謚莊簡。宋史孟傳有兩傳，一見卷三百六十三，一見卷四百一，前略後詳，後訛作孟傳。」

朱跋李刻方言

漢儒訓詁之學惟謹，而揚子雲尤爲洽聞。蓋一物不知，君子所恥；博學詳說，將以反約。凡其辨名物，析度數，研精覃思，毫釐必計。下而五方之音，殊俗之語，莫不推尋其故，而旁通其義。非徒猥瑣拘泥，而爲是弗憚煩也。

世之學者忽近而慕遠，捨實而徇名，高談性命，過自賢聖，視訓詁諸書，往往束之高閣。盍亦思夫周官太平之典，其道甚大，百物不廢，雖醫卜方技，纖悉畢載。聖門學詩，不獨取其可興、可觀、可羣、可怨，而鳥獸草木之名亦貴多識，本末精粗竝行而不相悖。故漢儒尊經重古，純愨有守之風，類非後人所能企及。

子雲博極羣書，於小學奇字無不通，且遠採諸國，以爲方言，誠足備爾雅之遺闕。平時所以用力于此深矣，世之好之者蓋鮮。前太守尚書郎李公，一日語餘，苦無善本。質偶得諸相識，字畫落落可觀。因以告而鋟之木，輒併附管見云。慶元庚申重午日東陽朱質書。●天啟前義烏縣志云：「朱質，字仲文。」

劉台拱方言補校

前言

劉台拱（一七五一—一八〇五），字端臨，號江岑。江蘇寶應人，藏書家、學者。二十歲（一七七〇）中試舉人，三十五歲（一七八五）任丹徒縣訓導，五十五歲病逝於寶應。曾多次參加禮部會試，不第，遂絶意科舉。乾隆中開四庫館，劉台拱曾於京與朱筠、戴震、邵晉涵、王念孫、程晉芳等遊，稽經考古，朝夕討論，自天文律吕至於聲音文字，莫不深究。劉台拱學問淹博，尤邃於經，「解經專主訓詁，一本漢學，不雜以宋儒之説」[一]。但劉氏「勤於讀書，懶於著述」[二]，王念孫曾敦促劉氏説：「先生湛深經術，卓識精忠，萬非時輩所能企及，幸即筆之於書，勿過爲矜慎也。」[三]然終因早逝，他只留下了分量不大的遺稿，但品質很高。阮元評之曰：「先生之考證極精且確。生前紙稿本極散碎，少有疑問，輒棄之。又雖爲己見，而一經人道者，輒亦自棄之。」[四]

[一] [二] 江藩國朝漢學師承記一一六頁。
[三] 王念孫王石臞先生遺文與劉端臨書，高郵王氏遺書一五三頁。
[四] 劉端臨先生遺書書後阮常生跋一。

劉台拱去世後，遺書整理出版。

嘉慶本劉端臨先生遺書中並未收載方言補校。提出整理刊印劉台拱遺書的是阮元，其嗣子阮常生亦即劉台拱女婿經辦此事。阮常生説：「嘉慶十年聞劉端臨先生喪，家君命常生曰：『……當往哭焉，並求先生遺書來。』」整理工作是由劉台拱的弟弟劉建臨（任職工部）完成的，阮常生記載了這件事：「工部曰：『先生著述精而不多，且數易稿，待董理之。』十一年春，工部至揚州，先以先生論語、荀子、漢書之學三卷並行狀來。」阮元親自審定了這些遺稿，交代阮常生説：「今卷中論語諸義，皆懸諸日月而不刊者也。吾居憂，不能序述，爾當述吾語，敘而栞之。」於是阮常生「受命寫付梓人」，並期待劉端臨的「三禮、詩、書之學俟工部續爲理出再付刻焉」〔一〕。第二年冬天，阮常生得到了經傳小記三卷和文集一卷，於是把這些内容補充進去，在嘉慶十三年續刻了劉端臨先生遺書〔二〕。在三年内先後刻印的這兩個嘉慶本遺書中都没有方言補校。

根據劉台拱的外孫、阮常生的兒子阮恩海記載，他在道光十四年所刻劉端臨先生遺

〔一〕劉端臨先生遺書書後阮常生跋一。

〔二〕劉端臨先生遺書書後阮常生跋二。

書才收載了方言補校。材料增補與重新編定的過程是這樣的：「道光初，次源舅氏復録，得國語、淮南子、方言補校凡三卷，經傳小記、荀子補注各續得若干則。小記舊有國語一則、方言十餘則。先大夫取小記中國語、方言諸條删去，并小記三卷爲一卷，續録附後。荀子續補亦然。於是編定全書，爲論語駢枝、經傳小記、國語補校、荀子補注、方言補校、淮南子補校、漢學拾遺、文集凡八卷，較舊刻僅增一卷，而簡策加半。」〔二〕光緒十五年廣雅書局翻刻題劉氏遺書而内容全同道光本，與道光本的區别只在行款：道光本每頁十行，每行二十字；光緒本每頁十一行，每行二十四字。此次整理所據底本即爲道光本。

方言補校的内容包括注釋和校勘兩個方面。其注釋有批評盧注的，有自己補注的。前者如：方言「還，積也」，劉：「盧引楊倞荀子成相篇注，不足以證訓『積』之意。」（卷十三第四二條）後者如：方言「秦晉凡物樹稼早成熟謂之旋，燕齊之閒謂之搵揄」，劉：「此可以證中庸『蒲盧』之解。」（卷六第四六條）注釋内容總共不到二十條，精彩之處時有所見。其他近一百四十條爲校勘内容，是該書的主體，也是其主要價值所在。劉氏的校勘直接針對的是盧氏校本，據此可以區分爲三類情形，即補闕拾遺、訂正盧校、證成盧

〔二〕劉端臨先生遺書書後阮恩海跋。

說。

所謂補闕拾遺，是指舊本有誤，盧氏未能校正，劉氏予以補校。其中有補脱文、删衍字、乙倒文、校誤例和改訛字等情形。例如：

方言「翿，舉也」，郭注：「謂軒翿也。」劉校：「段本據曹憲廣雅音，『謂軒翿也』上補『音曙』二字。」（卷十第二二條）

方言「挻，取也」，「挻」下郭注：「羊羶反。」劉校：「『挻』音『羊羶』之羶，不當爲『羊羶反』也，『反』字誤衍，戴本亦誤。」（卷一第三〇條）

方言「厖，大也」，「厖」下郭注：「鴟鵂。」劉校：「當作『鵂鴟』。」（卷一第一二條）

方言「嬛、蟬，續也」，「蟬」下郭注：「火全反。」劉校：「『火全反』當屬『嬛』，不當在『蟬』字下。」（卷一第二六條）

方言「烓，明也」，「烓」郭注：「口類反。」劉校：「玉篇、廣韻止有口迥、烏圭二切，曹憲注廣雅有烏攜、烏缺、圭惠、口井凡四音，仍無讀口類反者。此『口類反』當是『口熲反』之誤。」（卷十二第二八條）

所謂訂正盧校，是指對盧氏錯誤校勘意見的訂正。盧氏校本成績很大，但抉擇舊校與自創新説時也都存在一些問題，既有盧承前人誤校的例子，也有盧氏改錯了的例子。例如：

方言「翻，黏也」，「翻」下郭注：「音昵。」盧校：「各本『音日』，或『音刃』，皆誤。」劉校：「『音日』是。」（卷二第一五條）

方言「眼，明也」，盧從戴校，據永樂大典本作「眼」。劉校：「『眼』乃目病，非『明』之訓也。作『眼』爲近。」（卷十二第五一條）

方言「其小者謂之升甌甂陳魏宋楚之間謂之題」，劉校：「舊本以『謂之升甌』屬上節，『甂』字領下節，是也。盧本以『謂之升』爲句屬上節，『甌』字領下節。案，『甌、甂』同物而大小有異，不得竝舉之以爲一節標首，與前後文例不符……」（卷五第一四—一五條）

所謂證成盧説，是指舊本有誤，盧氏提出了正確的校勘意見，但未予論證，或論證不充分，劉校給予補充、證明。例如：

方言「矛骹細如鴈脛者謂之鶴鄰」，郭注：「今江東呼爲鈴釘。」盧校：「説文『鈴』

下云：『令丁也。』各本此注作『鈴釘』，誤，今改正。」劉校：「集韻引郭璞曰：『鶴䴏矛，江東呼爲鈴釘。』」（卷九第二一條）

方言「僞謂之仡」，郭注：「船動摇之皃也。」盧校：「『僞』，玉篇作『𦨶』，于詭切，戴本從之。今案，尚書堯典：『平秩南訛。』周禮馮相氏注、漢書王莽傳俱作『南僞』，韋昭讀『僞』從『訛』，與此正同，今人呼爲『划』，即『訛』之轉音也，不當從玉篇改作『𦨶』。」劉校：「盧本據尚書、周禮、漢書定作『僞』是也，戴氏從玉篇改作『𦨶』非也。集韻：『吪，説文「動也」，引詩「尚寐無吪」，或作僞。』」（卷九第二二條）

與劉氏同時用力於方言且互有商榷的王念孫，曾在給劉端臨的兩封信中説，關於方言，「然計先生及若膺先生所校必有暗合者矣」「蒙示方言注辨誤二條，精確不可移」〔一〕，這應該是對劉校的最早評價了。今人也認爲戴、盧兩家之後，「劉校最精」〔二〕。劉氏校勘方言所依據的材料，大抵不出戴、盧之外，然而劉校所以能「最精」，則主要得力於他精審的識斷和縝密的方法。比如集韻，這是宋人所修的韻書，雖説在元明之際不顯，但自康熙

〔一〕王念孫王石臞先生遺文與劉端臨書。
〔二〕周祖謨方言校箋自序。

年間有了刻本之後，就很容易得到了。因爲該書「不背説文」（戴震語），「凡經史子集小學方言採擷殆遍」（段玉裁語），其用已不限於音韻，於文字、訓詁乃至古籍校勘皆可資參考，所以清儒大多重視此書。戴、盧校勘方言也都曾用過，但是由於戴校偏重廣雅，盧校看重版本，都没能像劉氏那樣詳考集韻，發疑解惑，並據而按斷是非。

劉校最富特色也最能體現其精審之處的是，他能以深厚的文獻功底和語言文字學素養，嫺熟地運用以理校爲主的各種校勘方法，諟正訛誤。例如：

方言「凡怒而噎噫謂之脅閲」，郭注：「噎噫謂憂也。」劉校：「舊本作『噎謂憂也』，當作『謂噎憂也』。詩『中心如噎』傳曰：『噎憂不能息也。』正義以爲『憂深不能喘息如噎之然』。此説非也！憂在心，與喘息何與，天下豈有憂而不得喘者乎？『噎憂』雙聲字。玉篇引詩『中心如噎』，『謂噎憂不能息也』，增一『謂』字，最得毛氏之意。『噎憂』即『欭嚘』，氣逆也。説文『欭』字注：『嚘也。』玉篇『嚘』字注：『老子曰：「終日號而不嚘。」嚘，氣逆也。亦作歖。』廣韻：『咽嚘，歎也。』『歖，氣逆也。』『噎噫、噎憂』一聲之轉。戴本作『噎噫謂憂也』，不知其義而妄增之，非是。」（卷一第一五條）

劉氏此條校勘，全無版本可據，他從故訓中發疑，以聲音爲樞紐，突破字形，尋得毛傳確詁，從而勘正方言舊本和戴、盧校本之誤。王念孫盛贊劉説，認爲「端臨此説，寔貫通毛傳、方言之旨」〔二〕。

劉校中也存在一些問題，概括起來看有兩點：一是審音間有疏失、按斷時失鹵莽；一是考訂偶嫌拘泥，未察文字嬗變。例如：

方言「趙魏燕代之閒曰姝」，郭注：「昌朱反，又音株。」劉云：「段若膺謂後一音後人所記。」（卷一第三條）廣雅曹憲音充朱、竹瑜二反，與郭音正合，宋李孟傳刻本亦存二音，劉引段説，有失詳考。

方言「凡飲藥傅藥而毒……北燕朝鮮之閒謂之癆」，郭注：「音澇。」盧校：「俗本作『音聊』，今從宋本。」劉校：「『音澇』非，『音聊』是。」（卷三第一二條）廣雅曹憲音老到、力彫二反，可見「音澇、音聊」均不誤，方言「癆」該音何，存在取捨問題，但無是非之别，劉斷「音聊非」稍嫌鹵莽。

方言「娥、嬴，好也」，劉校：「案：『嬴』不成字，从羸爲是。」（卷一第三條）戴本改作「嬴」，盧文弨不同意戴震的觀點。劉氏非盧從戴，乃因泥於説文而未察此字古今之變。戴氏的重要根據就是廣雅，其實傳本廣雅此字已訛。「嬴」是「羸」的增益字，故説

〔二〕王念孫方言疏證補。

文有「羸」無「嬴」，周祖謨認爲「盧本不改是也」〔一〕。

方言補校僅有一百多條，今人都以爲「可惜」，其實這恰恰是該書所以能「最精」的原因之一。一方面，劉氏雖「湛深經術，卓識精忠」，但他自律很嚴，下筆「矜慎」〔二〕，故「不似今人鹵莽成書，動輒盈尺也」〔三〕；另一方面，也是一代學風的深刻影響，自顧亭林以下的清朝學者，大多奉行著書「必古人之所未及就，後世之所不可無，而後爲之」的原則，堅持「采銅於山」，不屑於買錢「充鑄」〔四〕。大概正是這種主客觀兩方面的因素，決定了劉氏在戴、盧校本行世之後，撰寫了方言補校這部於山采銅之作。

附記： 本書前言關於方言補校内容的評介，概括自本人一篇題劉台拱方言補校論略的舊文，原載一九九一年南京大學出版社所出拙著潛齋語文叢稿。

〔一〕 周祖謨方言校箋。
〔二〕 王念孫王石臞先生遺文與劉端臨書。
〔三〕 江藩國朝漢學師承記。
〔四〕 顧炎武顧亭林詩文集卷五與人書十。

凡例

一、以道光十四年劉端臨先生遺書本爲底本，以光緒十五年廣雅書局本（簡稱局本）參校。

二、依據盧氏重校方言，在每條補校之前標注序號，以便對照考核。

三、劉氏自注原爲雙行小字，改排以單行小字。

四、全部斷句，並用現代標點符號予以標點。

五、凡清代通行避諱字，均依例改回，不出校記。

六、底本文字中舉凡或作「據」或作「据」、或作「並」或作「併」之類，均不予統一，以保留原書書寫風格。

七、底本誤字，不管有無證據，均予以改正，並出校勘記。

八、底本與參校本其他文字相異之處，出校勘記予以説明，不改動原文。

劉端臨先生遺書卷六[一]

方言補校 盧學士定本

卷第一

一 秦謂之謾。音義：謾，莫錢反，又亡山反。盧召弓曰：本或删去前一音，非也。

案：集韻删、仙兩韻皆收「謾」字，當兼存二音爲是。

三 娥、嬴，好也。盧曰：廣雅作「嬴」，從女、羸，今從衆家本，仍作「嬴」。

案：「嬴」不成字，从羸爲是。

三 趙魏燕代之閒曰姝。音義：昌朱反，又音株。

[一] 劉端臨先生遺書卷六：局本作「劉氏遺書卷六」。

案：段若膺謂後一音後人所記。

三　自關而西秦晉之故都曰妍。注：五千反。妍一作忏。

案：戴東原本删「妍一作奸」四字〔一〕，非。集韻引方言「自關而西秦晉之間呼好爲忏」。

四　秦晉之間曰肄。音義：音謚。盧曰：「肄」即「肆」字。「肆、餘」音以自反，讀「以世反」者誤。

案：「謚」有以自反之音。

一〇　瞖，憂也。注：瞖者，憂而不動也。

案：注「不動」上當脱「目」字。

〔一〕奸：局本作「忏」，當據改。

一一 庬。注：鴟鵂。

案：當作「鵂鶹」。

一二 初别國不相往來之言也，今或同。而舊書雅記故俗語不失其方。注：皆本其言之所出也。雅，尔雅也。盧曰：戴云：「此謂舊書常記故俗之語，本不失其方。郭注皆誤。」丁云：「漢書敘傳『函雅故，通古今』，『故』如詩『魯故』『韓故』之『故』，與『詁』同；『雅』當如郭氏解，若以『雅』爲『常』，下節『古雅』訓『古常』尤不成辭；且『舊書』二字亦不類漢人句法。」文弨案：丁説是也。「書雅」當連文；「記」謂記載；「故」謂訓故；「俗語」，鄉俗之語。

案：河閒獻王傳云：「獻王所得書，皆古文，先秦舊書。」何云「不類漢人語」？且「書雅記故」成何語邪？丁、盧皆失之。戴訓「雅」爲「常」，亦非是。此當以「舊書雅記」四字爲句。雅記，正記也。

一三 假。

案：集韻引方言作「假」。

一五　凡怒而噎噫。注：噎噫謂憂也。

案：舊本作「噎謂憂也」，當作「謂噎憂也」。詩「中心如噎」傳曰：「噎憂不能息也。」正義以爲「憂深不能喘息如噎之然」。此説非也！憂在心，與喘息何與，天下豈有憂而不得喘者乎？「噎憂」雙聲字。玉篇引詩「中心如噎」，「謂噎憂不能息也」，增一「謂」字，最得毛氏之意。「噎憂」即「歐嚘」，氣逆也。説文「歐」字注：「嚘也。」玉篇「嚘」字注：「老子曰：『終日號而不嚘。』嚘，氣逆也。亦作歎。」廣韻：「歐嚘，歎也。」「歎，氣逆也。」「噎噫、噎憂」一聲之轉。戴本作「噎噫謂憂也」，不知其義而妄增之，非是。

一九　延、永，長也。凡施於年者謂之延，施於衆長謂之永。注：各隨事爲義。盧曰：「延、永，長也」，攷宋本亦如是。李善注文選於阮籍詠懷詩「獨有延年術」引方言「延，長也」，於嵇康養生論又引作「延，年長也」，蓋即檃括「施於年者謂之延」意。爾雅疏引方言遂作「延，年長也」，不出「永」字，則下文「永」字何所承乎？或遂据爾雅疏改此文〔一〕，誤甚。

案：「延永長也」當作「延年長也」，方言中推類備言而上無所承者多矣，未可以此難戴。

二六　嫙、蟬。音義：火全反。

案：「火全反」當屬「嫙」，不當在「蟬」字下。

三〇　挻。音義：羊羶反。

案：「挻」音「羊羶」之羶，不當爲「羊羶反」也，「反」字誤衍，戴本亦誤。

卷第二

五　䵩瞳之子謂之䁅。注：言䁅邈也。

案：當作「䁅邈」。

〔一〕据：局本作「據」，同。凡「据」字，局本皆作「據」，不再出校。

六　凡細而有容謂之嫢，或曰徥。音義：徥，度指反。注：言徥偕也。盧曰：「度指反」舊作「度皆反」，今從卷六内音改正。

案：集韻：「徍偕[一]，行皃。」徍，音於佳反；徥，音度皆反。「徍徥」疊韻字。郭云「徥偕」猶「徍徥」也。「徥」舊音「度皆反」及卷六音「度指反」皆不誤，盧改作「度指反」非。

七　偉其肥晠。

案：當作「晠」。

一〇　物力同者謂之臺敵。

案：「敵」字句，盧本「臺」字句非。

一一　抱𡣍，耦也。注：耦亦匹，互見其義耳。

〔一〕偕：局本作「徥」。據本條下文，局本是。

案：此文不誤。盧本改「嬔」作「娩」，以「耦也」及注移在上文「謂之臺敵」下，大非。又，音義「音赴」二字當在「抱」字下；「一作嬎，孚萬反」當從宋本作「孚萬反，一作嬎」。「赴」本「抱」字之音，廣韻誤以爲「娩」字音，收入遇部，集韻因之，皆誤，宜删正。

一五　刱。音義：音昵。盧曰：各本「音日」，或「音刃」，皆誤。

案：「音日」是。

一八　栂、惬、赧，愧也。注：小雅曰：「面愧曰赧。」盧曰：小雅即小爾雅，凡五經正義及李善注文選多如此。

案：藝文志本曰小雅。

二九　揄鋪、艦極、帗縷、葉褕，毳也。注：皆謂物之扞蔽也。

案：「扞蔽」，集韻引作「行敝」。周禮司市：「利者使阜，害者使亡。」後鄭注：「利，利於民，謂物實厚者。害，害於民，謂物行苦者。」淮南子繆稱訓：「周政至，殷政善，夏政行。」高誘注：「行，尚麤也。」物以攻緻爲貴，故敝者曰「行」；物以精細爲貴，故麤者曰「行」。「行」猶「敝」也，故曰「行敝」。「扦」乃「行」之誤。

卷第三

一　謂之孿生。女謂之嫁子。

案：「女謂之嫁子」當跳行屬下節，在「東齊之閒聓謂之倩」上。

八　謂之莽。注：嫫母。盧曰：戴本訂作讀如「嫫母」之「母」，下本無「反」字，增之非也。

案：此當音「嫫母」之「嫫」耳，戴增「反」字非，盧音「母」亦非。

八　蘇亦荏也。

案：當跳行，不當屬上。

八　或謂之荏。注：今江東人呼荏爲菩。音魚。

案：「音魚」二字大書，接「菩」字是也。此音、注不可分者，餘倣此。盧本以「音魚」二字作偏行小字非。

一〇　謂之雞頭，或謂之鴈頭，或謂之烏頭。注：狀似烏頭，故轉以名之。

案：「烏」當作「鳥」。「轉」當作「博」。

一二　謂之㾫。音義：音滂。盧曰：俗本作「音聊」，今從宋本。

案：「音滂」非，「音聊」是。

一四　或曰膠。注：汝南人呼欺爲讁。

案：集韻灰韻、海韻引此注竝作「江南」。

一六　尻也。盧曰：「尻」，古「居」字，宋本作「居」。

案：作「居」非。

二一　秦曰瘎。音義：音諶。盧曰：正德本作「音閻或湛」，今從宋本。

案：從宋本非，集韻有「閻、湛」二音。

二五　氾、浼、㶏。注：湯㶏。

案：注「爓」字从火。

四一　䅳，就也。注：䅳䅳，成就皃。

案：「䅳」字俱當作「稇」〔一〕。「成就」當作「成孰」。

四九　撲。注：打撲。

案：本文「撲」當作「㯷」。注「打撲」當作「撲」。

五二　差、閒、知，愈也。盧曰：音「閒廁」之「閒」。

案：當讀如字。論語「病閒」釋文：「如字。」

〔一〕稇：局本作「䅳」，誤。

五二　或謂之蠲。音義：音涓，一圭反。盧本改「一圭反」三字作「一音圭」。

案：盧改非，當從舊本。

卷第四

七　謂之袦。音義：息勇反。盧曰：俗本作「錯勇反」，今從宋本。

案：俗本是。

一七　䘏謂之袩。音義：所交、丁俠兩反。盧曰：「所交」，正德本作「于苕」，今從宋本。

案：「于」乃「千」字之譌。

一九　裺。音義：於劒反。盧曰：正德本「於」作「尖」，今從宋本。

案：「尖」乃「衣」字之譌。

二五　袀纏。

案：「纏」，集韻作「襢」。

三九　小袴謂之校衬。注：今䙝袴也。

案：字書無「䙝」字。

四一　幧頭也。盧曰：「幧」音「綃」。

案：音「綃」非。

四一　或謂之髮帶。覆結謂之幘巾。

案：「覆結」下當另爲一條。

四二　粗者謂之屦。音義：他回反。字或作「屦」，音同。

案：集韻引方言「履粗者謂之屦」。

卷第五

一　吴揚之閒謂之鬲。釜，自關而西或謂之釜。

案：「釜」以下當另行。

二　或謂之酢。盧曰：才故反。

案：廣韻十九鐸「鈼」字注云：「鈼也。吴人云也。在各切。」則此「酢」字不當音「才故反」矣。

三　或謂之銚鋭。注：謡語。

案：戴本从卷十三注改爲「謡音」云：「謡音即音謡。」今案，郭氏音例皆云「音某」，不曰「某音」，且音「銚」字不應注于「鋭」字之下。又案，集韻十七薛「鋭」字欲雪切：「楚宋謂梡曰銚鋭。」集韻此音必有所本，疑郭注本作「謡、悦兩音」，傳寫者脱去二字，「語」字或即「説」字之訛也。

五　蠡。音義：音麗。盧曰：案即「蠡」字，音禮。

案：盧注贅。

九　甇。音義：胙江反。盧曰：案爾雅疏作「仕江反」，廣雅亦作「士江」。爾雅疏內餘音皆與此同。

案：三音無異，盧注贅。

一四—一五　其小者謂之升甌甂陳魏宋楚之閒謂之題。

案：舊本以「謂之升甌」屬上節，「甂」字領下節，是也。盧本以「謂之升」爲句屬上節，「甌」字領下節。案，「甌、甂」同物而大小有異，不得竝舉之以爲一節標首，與前後文例不符。說文：「甌，小盆也。」即上節「其小者謂之升甌」是也。題，甂也，甌亦甂也，下文自明，安得据此以爲「甌甂」連文之證乎！下文云「自關而西謂之甂，其大者謂之甌」，漢人遂以「甂甌」連文。淮南子說林訓「狗彘不擇甂甌而食」，言不擇器之大小也。又泰族訓「甂甌有甚」，詮言訓作「瓶甌有堤」。此皆「甂、甌」二物之證。

一六　箕，陳魏宋楚之閒謂之籭。盧曰：「箕」字當提行。

案：盧校是也。集韻引方言「箕，陳魏宋楚之閒謂之籭」，不連上節。

三七　繀車，趙魏之閒謂之轣轆車，東齊海岱之閒謂之道軌。

案：廣雅「繀車謂之麻鹿，道軌謂之鹿車」本此，而集韻「轆」字注引博雅誤作「車軌道」。

三八　户鑰，自關而東陳楚之閒謂之鍵，自關而西謂之鑰。

案：段据一切經音義「匙，方言作提，是支切」，蓋「鍵」本作「提」。

卷第六

一　聳。音義：山項反。

案：集韻「聳」字收入三講，段据曹憲引「雙講反」。

二　聾之甚者，秦晉之閒謂之闕。音義：五刮反。注云：言聉無所聞知也。外傳：

「聵聵司火。」音蒯聵。

案：郭君解釋字義，每用雙聲疊韻之字形容之。此「言聉無所聞知也」，於辭意不足。廣韻十四賄「聉」字注云：「吐猥切。聉顡，癡瘨皃。説文：『五滑切。無知意也。』」又「顡」字注云：「五罪切。聉顡。説文音聵，『癡顛不聰明也』。」据此，則「聉」下當脱一「顡」字。「顡」，説文音聵。郭以「聵」爲「聵」之異文，故以「聉顡」釋其義，以「蒯聵」釋其音。「五刮反」三字乃後人所加，非郭讀也。「聵」音五怪反，「明」音五刮反，一聲之轉，故下文以「明」譬「聵」。後人因此即以「明」字之音爲「聵」字之音，而郭注引外傳之語爲騈旁枝矣。

六　齊魯曰燀。

案：集韻引方言：「齊魯曰燀[一]。尺戰切。」

三六　愊、愊，滿也。盧曰：俗本作「偪」，今從宋本。

[一] 燀：局本作「燀」，誤。

案：集韻引説文「畐，滿也。或作偪」，蓋以方言作「偪」，與「畐」同字。盧本作「愊」非是。

四六　秦晉凡物樹稼早成熟謂之旋，燕齊之閒謂之摳揄。

案：此可以證中庸「蒲盧」之解。

五〇　閻苫。盧曰：各本皆作「笘」，宋本下文「閻苫」作「苫」。案，廣雅作「苫」，「苫」之訓開，佗書未見。竊疑皆當作「苫」字。

案：「閻苫」，疊韻字，盧説是也。戴据廣雅定作「苫」，而皇甫録廣雅本乃正作「苫」。

六〇　佚愓，緩也。

案：盧本作「佚愓」是也，戴本作「佚婸」非也。集韻唐韻、屑韻兩引竝作「佚愓」。

卷第七

二　杜、蹻。音義：音笑噱。盧曰：俗本「噱」誤作「謔」，今從宋本。

案：依曹憲廣雅音作「詎」爲是。

二　山之東西或曰蹻。注：郄蹻，燥翋皃。盧曰：「郄」字與「卻」同〔一〕，音隙。或改作「卻」，非也，「卻」乃「却」字。

案：卻、蹻疊韻。

三　佻。音義：丁小反。

案：「佻」，集韻从倒「了」。

二〇　瀧涿謂之霑漬。注：瀧涿猶瀨滯也。

案：「瀨滯」當作「瀨滯」。

二五　賑。音義：音瞋恚。

〔一〕 卻：局本作「郤」，同盧本，當據正。

案：「瞋恚」當從口。

三四　秦謂之眙[一]。注：眙謂住視也。

案：「住」當作「注」。

卷第八

四　皆謂之鶩。音義：恪遘反。關西曰鶩，音狗竇。盧曰：各本俱「音顧」，今從宋本。

案：「音顧」二字當在上文音義「央富反」下，「音狗竇」三字當衍。

一二　或謂之鸊爵。注：言㠑截也。

案：此注不誤，盧本疑爲衍文，徑删此注，非也。段曰：「廣韻：『䃕尐，小也。』『㠑截』即『䃕尐』。」

[一] 局本「秦」上有「西」字，同方言，當據正。

一四　謂之鸊鷉。音義：鸊，音指辟。

案：「指辟」當作「指擘」。曹憲音「鸊」爲布獲反，即擘音。

一五　謂之易蜴。

案：集韻引「易蜥」。

卷第九

一一　車枸簍。音義：音縷。盧曰：俗本「音縷」，今從宋本。

案：俗本是。

一一　或謂之隆屈。注：屈尾。盧曰：俗本作「尾屈」，今從宋本。

案：俗本是。

二〇　内者謂之平題。注：今戲射箭。頭，題猶羊頭也。

案：「頭題猶羊頭也」，當作「題，頭。平題猶平頭也」。

二〇　所以藏箭弩謂之箙。

案：「所以」以下當另行。

二一　矛骹細如鴈脛者謂之鶴厀。注：今江東呼爲鈴釘。盧曰：各本此注作「鈐釘」，誤，今改正。

案：集韻引郭璞曰：「鶴厀矛，江東呼爲鈴釘。」

二一　鐏。音義：音頓。

案：「音頓」二字，舊在注文「或名爲鐓」下，郭音「鐓」字爲「頓」，不音「鐏」字爲「頓」也。又「謂之釬」亦作「銲」。集韻：「矛鐏謂之銲。」

二二　南楚江湘。

案：「江湘」，集韻作「江湖」。

二二　江淮家居篺中謂之薦。音義：音箭。

案：「薦」不得「音箭」，盧從宋本作「箭」，當更攷之。又集韻「楚謂筏上居曰篅」，字从竹。

二二　謂之緝。音義：音七。

案：「音七」二字當從宋本刪去。

二二　僞謂之仡。注：船動摇之皃也。

案：盧本據尚書、周禮、漢書定作「僞」是也，戴氏從玉篇改作「㒢」非也。集韻：「吪，説文『動也』，引詩『尚寐無吪』，或作僞。」

卷第十

三　央亡、嚜杘、姡，獪也。

案：「獪」當作「獪」。集韻四見，玉篇一見，廣韻再見。

三　或謂之𤢪。注：㑌怟，多智也。盧曰：玉篇：「㑌怟，鬼黠也。」舊本作「恐怟」，誤。今從戴本改正。

案：郭不當以「㑌怟」釋「𤢪」字。今案，廣韻、集韻肴、麻兩部注竝云：「㤿㤾，伏態。」「伏態」蓋「狡態」之誤。「㤿」形近「恐」，「㤾」形近「怟」，因誤作「恐怟」耳。此注當云「㤿㤾，多智也」，「㤿」丘交切，「㤾」丘加切，「㤿」與「𤢪」同音，故以釋「𤢪」字。

三　凡小兒多詐而獪。

案：「獪」當作「獪」。

四　謂之崽。注：聲如宰。

案：「聲如宰」上，段据廣韻增「自高而侮人也」六字。

五　誺，不知也。

案：戴本据玉篇改「誺」作「諫」，是也。集韻脂、至兩韻竝作「諫」。

一四　淮汝之間謂之投。注：江東又呼擨。音黶。

案：据集韻，當作「江東又呼敨，音欒黶」。

二二　翥，舉也。注：謂軒翥也。

案：段本據曹憲廣雅音，「謂軒翥也」上補「音曙」二字。

二四　垤、封，埸也。

案：「埸」當作「塲」。

二七　或謂之䎗。注：今江南又名吃爲𠹭。

案：集韻作「喋」。

二八　東陽之閒謂之疛。

案：「陽」當作「揚」。

三三　眠娗。音義：莫典、塗殄二反。

案：「塗、殄」雙聲，不得爲切。据集韻，「他典反」。

三七　曰㴐如是。注：亦此「憨」聲之轉耳。盧曰：「亦此」二字，各本到，今從宋本。

案：宋本非，仍從各本。

四〇　惐鰓。音義：惐，音良憚。

案：當作「欺憚」。

四一　南楚凡相推搏曰揔。

案：「推」當作「椎」。

四五　占、覗。盧曰：各本作「伺」。今案，下文作「覗」，此處正文亦必爾。廣雅亦作「覗」，今据改正。

案：方言上下文互異者頗有之，當仍其舊。

卷第十一

一　蛥蚗。音義：蛥，音折。蚗，丂列反，一音玦。盧曰：丁云：「詩『蜉蝣折閱』，此『蛥蚗』音同字異。」

案：詩無「折閱」，丁誤。

三　蛄諸。盧曰：「諸」，各本作「詣」誤，今從宋本。

案：盧校是也，集韻作「蛄諸」。

六　蛄蠪謂之强蝆。注：江東名之蛩，建平人呼芈子。芈即蝆也。旁行注：蛩，音加。

案：「强蝆」，「蝆」當作「羊」。「蛩音加」三字本大字，在「之蛩」下。「芈子」當作「蝆子」，「蝆子」下當有「音芈姓也」四字。

七　謂之蟅蟒。注：亦呼虴蛨。

案：段据釋文改「虴蜢」。

九　謂之蚃蝑。音義：蝑，音思沮反。

案：段云「反」是剩字[一]。

一一　或謂之蚴蛻[二]。注：幽、税二音。盧曰：「税」，俗本作「悦」，今從宋本。

案：宋本非，集韻正音「悦」。

一二　東齊謂之芉。

案：當作「羊」。

[一] 剩：局本作「賸」，同。

[二] 蛻：局本作「蜕」，當據正。

一二　陳楚之閒謂之蠅，自關而西秦晉之閒謂之芊。盧曰：末「芊」字，舊本仍作「蠅」，誤。戴本作「羊」，今定作「芊」字。

案：仍當從舊本作「蠅」。

一三　燕謂之蛾蛘。注：建平人呼蚳。

案：「蚳」當作「蚳」。

一四　蠀螬謂之蟦，自關而東謂之蝤蟦，或謂之蛬蠋，或謂之蝖毂；梁益之閒謂之蛒，或謂之蝎，或謂之蛭蛒。注：亦呼當齊，或呼地蚕，或呼蟦蝖。

案：此條及郭注「蝤蟦、蛭蛒、地蠶」是一物，集韻誤。

一五　或謂之蛝蠬。音義：音麗。盧曰：宋本「音离」。

案：「音离」非。

一五　或謂之蚨虷。

案：舊脱「之」字，集韻有。

一六　鼅鼄也。音義：音務。盧曰：俗本作「音無」，今從宋本。

案：宋本非，俗本是。

卷第十二

三　愋、諒，知也。

案：集韻「知」作「智」。

八　築。音義：直六反。盧曰：俗本作「度六反」，誤。今從宋本改正。

案：宋本非，俗本是。

一〇　躔、逡。注：逡巡。

案：舊本如此，不誤。盧移「逡巡」二字注于下文「循」字下，大非。本文云：「躔、逡，循也。躔、歷，行也。」「躔、逡」「躔、歷」句，「循也」「行也」各釋上文。盧以「逡、循」

二字連文，而泛引晏子、説苑諸書，不自知文義之不安也。

一四　解、輸，棁也。注：棁猶脱耳。

案：「棁」當作「捝」，説文从手爲是。

一六　歇。注：泄气。盧曰：「气」，古「氣」字。説文「涸」字注：「一曰气越泄。」

案：「一曰气越泄」，此五字乃「歇」字注，非「涸」字注也。「泄气」之云，與「涸」義無干，郭蓋音「泄气」之「泄」。

一七　潎。音義：匹計反。盧曰：各本作「妨計反」，今從宋本。

案：宋本非，各本是。

一九　墾、牧，司也。墾，力也。注：耕墾用力。

案：「墾」，竝當作「豤」。

二四　侗胴，狀也。

案：集韻：「侗胴，直皃。」則二字疊韻也。

二八　皦。音義：音皎。盧曰：「皦」，各本作「效」，今從宋本。廣雅作「皎」。

案：宋本非，各本是。集韻引方言作「效」。

二八　炷。音義：口類反。

案：玉篇、廣韻止有口迥、烏圭二切，曹憲注廣雅有烏攜、烏缺、圭惠、口井凡四音，仍無讀口類反者。此「口類反」當是「口頮反」之誤。

三〇　嬀。音義：居爲切。

案：「爲」當作「僞」。

三〇　嬀、娗，僈也。盧曰：「僈」，舊本作「僈」，即「僈」字。

案：集韻兩引此條並作「僈」。

三一　儇、虔，謾也。注：謂惠黠也。

案：「惠」即「慧」之假借。皇侃論語義疏經文作「好行小惠」，鄭注「謂小小才知也」，是「惠」即「慧」。又列子逢氏：「有子少而惠。」韓詩外傳五：「主明者其臣惠。」漢書昌邑王傳：「清狂不惠。」顏氏家訓歸心云：「辨才智惠。」義竝作慧。

三五　僉、怚，劇也。音義：音驕怚。盧曰：「驕怚」當即「驕姐」，音爼。稽康幽憤詩云：「恃愛肆姐，不訓不師。」

案：「驕怚」之「怚」，説文「將豫切」。集韻六收，惟模韻「宗蘇切」訓「劇」。

四一　杼。

案：當作「抒」，與注別。

四一　癒。音義：胡計反。

案：段云：「癒即鷹之訛，復有爲之音者。」

五〇　艮、磑，堅也。注：艮、磑皆名石物也。

案：當作「石物名」。

五一　灭、眼，明也。注：灭，光也。盧曰：「灭」，各本誤作「炗」，今從廣雅改正。

案：「眼」乃目病，非「明」之訓也，作「眼」爲近。盧改注「炗」作「灭」，是也，集韻作「灭」。

五五　薵、蒙，覆也。薵，戴也。

案：集韻引方言「籌，戴也」，从竹，誤，類篇亦然。

五六　堪、輂。音義：音釘鋦。

案：宋本作「封局」，非。

五八　括。音義：音适。盧曰：舊本「音活」，今從戴本。

案：集韻引方言「音活」。

六六　蒔，更也。音義：蒔，音侍。盧曰：俗本作「音侍」誤，今從宋本。

案：「音侍」是。

八二　憤、目，盈也。盧曰：「目」，各本作「自」，今從宋本。

案：作「自」是也。段云：「説文：『詯，膽氣滿，聲在人上也。从言，自聲。』此『自』即『詯』之省。」

九〇　毆，幕也。注：謂蒙幕也。

案：「蒙、幕」皆訓覆，又雙聲。

九一　⿰夷刂，狄也。

案：「狄」當作「㹩」。

九三　半步爲跬。音義：差箠反。

案：「差」當作「羌」。

卷第十三

一五　析竹謂之筡。注：亦名爲篾也。盧曰：「篾也」，舊本誤作「筡之也」，今從戴本改正。説文：「筡，折竹篾也。」

案：未見便是「篾」字。

一六　鼬、宵。音義：音蕭。盧曰：俗本作「音蠨」，今從宋本。

案：字書無「蠨」字，宋本作「蕭」，亦未可據。

二八　㯏。

案：集韻作「穎」，从禾。

三三　憚、怛，惡也。注：心怛懷，亦惡難也。盧曰：「怛」，當音「得爛反」。

注「懹」，舊本竝誤作「懷」。案，卷七「憎、懹，憚也，陳曰懹」；廣雅「憎、懹、憚，難也」。今据改正。

案：不若仍其舊。「怛」音「得爛反」非。

三七　㾏。音義：許畏反。盧曰：各本「許」作「巨」，今從宋本，與前卷十二「㾏」音義同。

案：集韻巨畏反。

四一　慘，悴也。

案：「慘」乃「傪」誤。

四二　還，積也。

案：盧引楊倞荀子成相篇注，不足以證訓「積」之意。

四三　宛，蓄也。

案：戴引廣韻「俒、宛」同音注，以證「歡樂」。案「俒，歡也」即在下文，不必引廣韻。

四七　葯，薄也。注：葯猶纏也。盧曰：戴本据徐爰注潘岳射雉賦引此，「薄」皆改作「纏」，非也。

案：集韻：「葯，音的，纏也。」蓋用郭注，徐爰蓋引方言注脱「注」字。

八六　淶，淨也。音義於「淶」字下作「初兩、禁耕二反」。

案：「禁耕」不可爲切，當作「楚耕」。集韻作「初耕反」，皆「淨」字之音，非「淶」字之音，此條誤列「淶」字下。

九九　㞓。音義：音肬贅。盧曰：各本「音剟」，今從宋本。廣韻與「拙」同音，云：「倔㞓，短皃。」

案：「肬贅」之音，集韻不收。疑「音剟」爲是。

一〇六　腿。

案：當作「昒」。

一一二　牾也。

案：當作「牾」。

一二三　䃺。音義：音糜。或作摩滅字。盧曰：「䃺」，敝；音糜。故爲「滅」義。「摩滅」當音「磨」，本亦作「攠」。

案：戴本竟改作「摩」，注改作「攠」，殊未確。此本得之，「音糜」二字當在「或作摩滅字」句下。

一三六　暟。音義：呼亥反。盧曰：俗本作「呼凱反」誤，今從宋本。

案：二音同。

一三七　箄。音義：必氏反。盧曰：俗本作「方氏反」誤，今從宋本。

案：二音同。

一三九　南楚謂之筲。注：今建平人呼「筲」爲鞭鞘。

案：「爲」當作「音」。

一三九　趙魏之郊謂之䇘簇。盧曰：儀禮士昏禮鄭注作「䇘簏」。

案：鄭注作「䇘簏」。

一四三　椀謂之梋抉。

案：集韻引方言「椀謂之抉」，脱「梋」字。

一四七　麰。注：䊵餅麴。

案：集韻：「方言『北燕謂麴曰麰』。」

一四七　䴻。

案：當作「䴻」。

一四七　粿。音義：音餜。

案：「粿」字，玉篇、廣韻皆「胡瓦切」，戴本「音鰈」。鰈，「户瓦切」，與「粿」同音。此作「餜」，从食，誤。廣韻無「餜」字。

一五〇　大者謂之壯。

案：「壯」當從舊本作「甘」。

參考文獻目録

一、方言注本校本

方言類聚　明陳與郊類　明萬曆甲辰刊本

輶軒使者絶代語釋別國方言十三卷　漢揚雄撰　晉郭璞注　叢書集成初編影印武英殿聚珍版

輶軒使者絶代語釋別國方言十三卷　漢揚雄撰　清戴震疏證　續修四庫全書影印孔繼涵微波榭叢書本

方言疏證補　清王念孫　江蘇古籍出版社二〇〇〇年高郵王氏遺書本

重校方言　清盧文弨　乾隆甲辰杭州刻抱經堂本

重校方言　清盧文弨　古經解匯函本

方言補校　清劉台拱　道光十四年劉端臨先生遺書本

方言補校　清劉台拱　光緒十五年廣雅書局本

方言注商　吴予天　商務印書館一九三三年國學小叢書本
經籍舊音辯證　吴承仕　中華書局一九八六年吴檢齋遺書本
方言校箋　周祖謨校箋　科學出版社一九五六年初版
揚雄方言校釋匯證　華學誠匯證　中華書局二〇〇六年初版

二、相關辭書類書

爾雅詁林　朱祖延主編　湖北教育出版社一九九八年初版
説文解字詁林　丁福保輯　中華書局二〇一四年縮印本
廣雅詁林　徐復主編　江蘇古籍出版社初版
小爾雅義證十三卷　清胡承珙撰　四部備要據墨莊遺書本校刊本
釋名　漢劉熙撰　上海古籍出版社一九八九年清疏四種合刊本
釋名疏證補　清王先謙撰集　上海古籍出版社一九八九年清疏四種合刊本
原本玉篇殘卷　梁顧野王編撰　中華書局一九八五年影印出版
經典釋文　唐陸德明撰　中華書局一九八三年黄焯斷句本
藝文類聚　唐歐陽詢撰　上海古籍出版社一九八二年新一版排印本

九經字様　唐唐玄度撰　商務印書館一九三六年叢書集成初編本

初學記　唐徐堅等撰　中華書局一九六二年新一版排印本

一切經音義　唐玄應撰　商務印書館一九三六年叢書集成初編本

正續一切經音義　唐慧琳、希麟撰　上海古籍出版社一九八六年影印日本獅谷白蓮社刊本

太平御覽　宋李昉等編　中華書局一九六〇年影印本

玉海　宋王應麟　上海書店一九八七年據嘉慶十一年校刻本影印

宋本廣韻　宋陳彭年等　北京市中國書店一九八二年影印張氏澤存堂本

宋本玉篇　宋陳彭年等　北京市中國書店一九八三年影印張氏澤存堂本

類篇　宋司馬光等　上海古籍出版社一九八四年影印汲古閣影宋抄本

復古編　宋張有撰　清光緒八年淮南局本

爾雅翼　宋羅願撰　商務印書館一九三六年叢書集成據學津討原本排印

埤雅　宋陸佃撰　商務印書館一九三六年叢書集成據五雅本影印

佩觿　宋郭忠恕撰　商務印書館一九三六年叢書集成據鐵華館叢書影印

隸釋　宋洪适撰　商務印書館一九三六年四部叢刊三編本

集韻　宋丁度等　上海古籍出版社一九八四年影印述古堂影宋抄本
古今韻會舉要　元熊忠撰　中華書局二〇〇〇年甯忌浮整理本
正字通　明張自烈、廖文英撰　康熙秀水王氏芥子園重刻本

三、其他主要文獻

十三經注疏　清阮元校刻　中華書局一九八〇年影印世界書局縮印本
二十二子　浙江書局彙刻　上海古籍出版社一九八六年影印本
國語　春秋左丘明撰　上海古籍出版社一九七八年校點本
戰國策　漢劉向集録　上海古籍出版社一九八五年排印本
大戴禮記　漢戴德編　中華書局一九八三年王聘珍解詁本
逸周書　晉孔晁注　商務印書館一九三七年叢書集成初編據抱經本影印
史記　漢司馬遷撰　中華書局一九六四年標點本
法言　漢揚雄撰　中華書局一九八七年新編諸子集成本
太玄　漢揚雄撰　中華書局一九九八年新編諸子集成本
漢書　漢班固撰　中華書局一九六二年標點本

後漢書 劉宋范曄撰 中華書局一九六五年標點本
楚辭補注 宋洪興祖撰 中華書局一九八三年排印本
風俗通義校釋 吴樹平校釋 天津人民出版社一九八〇年版
毛詩草木鳥獸蟲魚疏 三國吴陸璣撰 古經解匯函本
華陽國志校補圖注 任乃强校注 上海古籍出版社一九八七年版
西京雜記 東晉葛洪輯 中華書局古小説叢刊本
文心雕龍 南朝劉勰撰 中華書局一九六二年楊明照校注本
顏氏家訓 南梁顏之推 上海古籍出版社一九八〇年王利器集解本
文選 梁蕭統編 唐李善注 中華書局一九七七年影印本
酉陽雜俎 唐段成式撰 中華書局一九八一年方南生點校本
隋書 唐魏徵撰 中華書局一九七三年標點本
新唐書 宋宋祁、歐陽修等撰 中華書局一九七五年標點本
急就篇 漢史游撰 唐顏師古注 宋王應麟補注 福山王氏天壤閣叢書本
宣和博古圖 宋王黼撰 上海古籍出版社二〇一七年宋元譜録叢編本
古文苑 宋章樵注 上海古籍出版社一九八七年影印四庫全書本

容齋隨筆　宋洪邁撰　上海古籍出版社一九七八年標點本
困學紀聞　宋王應麟撰　上海古籍出版社二〇〇八年版
顧亭林詩文集　清顧炎武撰　中華書局一九八三年排印本
漢學師承記　清江藩撰　上海書店一九八三年影印商務印書館本
抱經堂文集　清盧文弨撰　中華書局一九九〇年排印本
王石臞先生遺文　清王念孫撰　江蘇古籍出版社二〇〇〇年高郵王氏遺書本
方言疏證補　清王念孫撰　江蘇古籍出版社二〇〇〇年高郵王氏遺書本
讀書雜志　清王念孫撰　江蘇古籍出版社一九八五年影印王氏家刻本
毛詩傳箋通釋　清馬瑞辰撰　續皇清經解本
札迻　清孫詒讓撰　中華書局一九八九年排印本
清史稿　趙爾巽主編　上海古籍出版社、上海書店一九八六年影印二十五史本

筆畫索引

說明:

1. 本索引收入方言原文及郭璞注中的解釋詞和被釋詞,不收入盧文弨、劉台拱校勘内容。

2. 所有反切,只保留上下字,不保留“切,反”等。

3. 本索引依據首字筆畫多寡排列,首字筆畫數相同者按筆形順序排列,首字筆畫、筆形相同者按第二字筆畫、筆形順序排列,以此類推。

4. 索引項後標明所在頁碼。同一索引項在書中不同頁碼出現時,按先後次序依次列明所在頁碼。盧校本區分爲注的標小字“注”於頁碼之後,區分爲音的標“音”,盧文弨補遺標“補遺”,劉本標“劉校”,作爲區別。

六畫

十二畫

十三畫

十四畫

十五畫

十七畫

十八畫

十九畫

二十畫